课本里的作家

课本里的作家

我的"长生果"

叶文玲／著

小学语文同步阅读
五年级
彩插精读版

山东教育出版社
·济南·

图书在版编目（CIP）数据

我的"长生果" / 叶文玲著 . — 济南 : 山东教育
出版社 , 2023.1（2023.3 重印）
（爱阅读·课本里的作家）
ISBN 978-7-5701-2471-8

Ⅰ . ①我… Ⅱ . ①叶… Ⅲ . ①阅读课—小学—教学参
考资料 Ⅳ . ①G624.233

中国版本图书馆 CIP 数据核字（2022）第 255241 号

WO DE "CHANGSHENGGUO"

我的"长生果"

叶文玲　著

主管单位：山东出版传媒股份有限公司
出版发行：山东教育出版社
　　　　　地址：济南市市中区二环南路 2066 号 4 区 1 号　邮编：250003
　　　　　电话：（0531）82092600　　　　网址：www.sjs.com.cn
印　　刷：天津泰宇印务有限公司
版　　次：2023 年 1 月第 1 版
印　　次：2023 年 3 月第 2 次印刷
开　　本：700 mm × 1000 mm　1/16
印　　张：12
字　　数：145 千
定　　价：35.80 元

（如印装质量有问题，请与印刷厂联系调换）
印厂电话：022-29649190

这里最大的地盘是操场，记得男同学曾在这里很威风地拼搏过几场，说实在的，看他们打球真比看正规的球队有意思。

惬意最是品茗时

只知道长夜久坐头脑壅塞之际，一杯莹绿清润的热茶在手，即便不能马上助你文思泉涌，至少也是清沁透脾，如对春风。

汴京的星河

夏夜仰望那缀满星星的夜空，我会几个小时地坐对夜空发痴，小脑瓜儿里整个儿盘旋着关于星星月亮的种种神话传说。

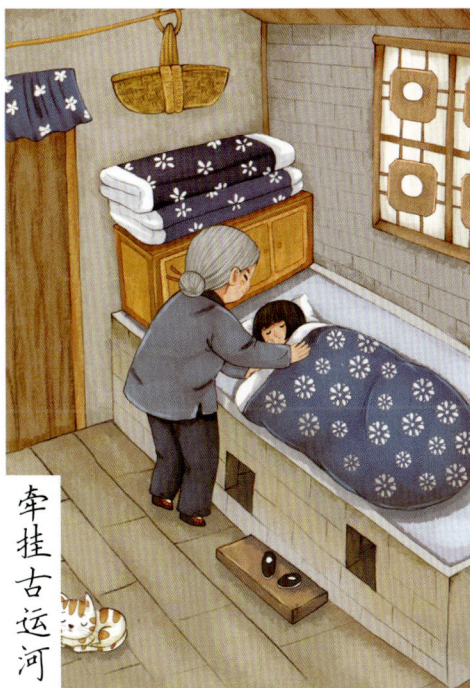

牵挂古运河

每每在秋风乍起时想起她，是因为外婆那一头白发使少年的我知晓了岁月的苍老；外婆给我盖过的那床毛蓝印花土布的被褥，使儿时的我分外感受了冬日的温暖。

让我再回到童年

盘里的菜肴散发着热腾腾的香气，那香气实在太诱人了，姐姐顺手抓了只炸虾往嘴里塞，大概是防我告密，立刻又抓了一只往我嘴里塞。

未圆之梦

当我们有时纯粹是为了宽慰她说些言不由衷的比如可以尽量争取这类的话时，母亲就像孩子般高兴起来，回转身子就下厨，一会儿就端上来一碗鲜香扑鼻的三鲜面。

总序

北京书香文雅图书文化有限公司的李继勇先生与我联系，说他们策划了一套《爱阅读·课本里的作家》丛书，读者对象主要是中小学生，可以作为学生的课外阅读用书，希望我写篇序。作为一名语文教育工作者，在中共中央办公厅、国务院办公厅印发《关于进一步减轻义务教育阶段学生作业负担和校外培训负担的意见》（以下简称"双减"）的大背景下，为学生推荐这套优秀课外读物责无旁贷，也更有意义。

一、"双减"以后怎么办？

"双减"政策对义务教育阶段学生的作业和校外培训作出严格规定。我认为这是一件好事。曾几何时，我们的中小学生作业负担重，不少学生不是在各种各样的培训班里，就是在去培训班的路上。学生"学"无宁日，备尝艰辛；家长们焦虑不安，苦不堪言。校外培训机构为了增强吸引力，到处挖掘优秀教师资源，有些老师受利益驱使，不能安心从教。他们的行为破坏了教育生态，违背了教育规律，严重影响了我国教育改革发展。教育是什么？教育是唤醒，是点燃，是激发。而校外培训的噱头仅仅是提高考试成绩，让学生在中高考中占得先机。他们的广告词是"提高一分，干掉千人"，大肆渲染"分数为王"，在这种压力之下，学生面对的是"分萧萧兮题海寒"，不得不深陷题海，机械刷题。假如只有一部分学生上培训班，提高的可能是分数。但是，如果大多数学生或者所有学生都去上培训班，那提高的就不是分数，而只是分数线。教育的根本任务是立德树人，是培根铸魂，是启智增慧，是让学生的德智体美劳全面发展，是培养社会主义建设者和接班人，是为中华民族伟大复兴提供人才，而不是培养只会考试的"机器"，更不能被资本所"绑架"。所以中央才"出重拳""放实招"，目的就是要减轻学生过重的课业负担，减轻家长过重的经济和精神负担。

"双减"政策出台后，学生们一片欢呼，再也不用在各种培训班之间来回奔波了，但家长产生了新的焦虑：孩子学习成绩怎么办？而对学校老师来说，这是一个新挑战、新任务，当然也是新机遇。学生在校时间增加，要求老师提升教学水平，科学合理布置作业，同时开展课外延伸服务，事实上是老师陪伴学生的时间增加了。这部分在校时间怎么安排？如何让学生利用好课外时间？这一切考验着老师们的智慧。而开展各种课外活动正好可以解决这个难题。比如：热爱人文的，可以开展阅读写作、演讲辩论，学习传统文化和民风民俗等社团活动；喜爱数理的，可以组织科普科幻、实验研究、统计测量、天文观测等兴趣小组；也可以开展体育比赛、艺术体验（音乐、美术、书法、戏剧……）和劳动教育等实践活动。当然，所有的活动都应以培养学生的兴趣爱好为目的，以自愿参加为前提。学校开展课后服务，可以多方面拓展资源，比如博物馆、图书馆、科技馆、陈列馆、少年宫、青少年活动中心，甚至校外培训机构的优质服务资源，还可组织征文比赛、志愿服务、社会调查等，助力学生全面发展。

二、课外阅读新机遇

近年来，新课标、新教材、新高考成为语文教育改革的热词。我曾经看到一个视频，说语文在中高考中的地位提高了，难度也加大了。这种说法有一定道理，但并不准确。说它有一定道理，是因为语文能力主要指一个人的阅读和写作能力，而阅读和写作能力又是一个人综合素养的体现。语文能力强，有助于学习别的学科。比如数学、物理中的应用题，如果阅读能力上不去，读不懂题干，便不能准确把握解题要领，也就没法准确答题；英语中的英译汉、汉译英题更是考查学生的语言表达能力；历史题和政治题往往是给一段材料，让学生去分析、判断，得出结论，并表述自己的观点或看法。从这点来说，语文在中高考中的地位提高有一定道理。说它不准确，有两个方面的理由：一是语文学科本来就重要，不是现在才变得重要，之所以产生这种错觉，是因为在应试教育的背景下，语文的重要性被弱化了；二是语文考试的难度并没有增加，增加的只是阅读思维的宽度和广度，考查的是阅读理解、信息筛选、应用写作、语言表达、批判性思维、辩证思维等关键能力。可以说，真正的素质教育必须重视语文，因为语文是工具，是基础。不少家长和教师认为课外阅读浪费学习时间，这主要是教育观念问题。他们之所以有这种想法，无非是认为考试才是最终目的，希望孩子可以把更多时间用在刷题上。他们只看到课标和教材的变化，以为考试还是过去那一套，其实，考试评价已发生深刻变革。目前，考试评价改革与新课标、新教材改革是同向同行的，都是围绕立德树人做文章。中共中央、国务院印发的《深化新时代教育评价改革总体方案》明确指出："稳步推进中高考改革，构建引导学生德智体美劳全面发展的考试内容体系，改变相对固化的试题形式，增强试题开放性，减少死记硬背和'机械刷题'现象。"显然就是要用中高考"指挥棒"引领素质教育。新高考招生录取强调"两依据，一参考"，即以高考成绩和高中学业水平考试成绩为依据，以综合素质评价为参考。这也就是说，高考成绩不再是高校选拔新生的唯一标准，不只看谁考的分数高，而是看谁更有发展潜力、更有创造性，综合素质更高，从而实现由"招分"向"招人"的转变。而这绝不是仅凭一张高考试卷能够区分出来的，"机械刷题"无助于全面发展，必须在课内学习的基础上，辅之以内容广泛的课外阅读，才能全面提高综合素养。

三、"爱阅读"助力成长

这套《爱阅读·课本里的作家》丛书是为中小学生读者量身打造的，符合《义务教育语文课程标准》倡导的"好读书、读好书、读整本的书"的课改理念，可以作为学生课内学习的有益补充。我一向认为，要学好语文，一要读好三本书，二要写好两篇文，三要养成四个好习惯。三本书指"有字之书""无字之书""心灵之书"，两篇文指"规矩文"和"放胆文"，四个好习惯指享受阅读的习惯、善于思考的习惯、乐于表达的习惯和自主学习的习惯。古人说"读万卷书，行万里路"，实际上就是要处理好读书与实践的关系。对于中小学生来说，读书首先是读好"有字之书"。"有字之书"，有课本，有课外自读课本，还有"爱阅读"这样的课外读物。读书时我们不能眉毛胡子一把抓，要区分不同的书，采取不同的读法。一般说来，读法有精读，有略读。精读需要字斟句酌，需要咬文嚼字，但费时费力。当然也不是所有的书都需要精读，可以根据自己的需要决定精读还是略读。新课标提倡中小学生进行整本书阅读，但是学生往往不能耐着性子读完一整本书。新课标提倡的整本书阅读，主要是针对过去的单篇教学来说的，并不是说每本书都要从头读到尾。教材设计的练习项目也是有弹性的、可选择的，不可能有统一的"阅读计划"。我的建议是，整本书阅读应把精读、略读与浏览结合起来，精读重在示范，略读重在博览，浏览略观大意即可，三者相辅相成，不宜偏于一隅。不仅如此，学生还可以把阅读与写作、读书与实践、课内与课外结合起来。整本书阅读重在掌握阅读方法，拓展阅读视野，培养读书兴趣，养成阅读习惯。

再说写好两篇文。学生读得多了，素养提高了，自然有话想说，有自己的观点和看法要发表。发表的形式可以是口头的，也可以是书面的，书面表达就是写作。写好两篇文，一篇规矩文，一篇放胆文。规矩文重打基础，放胆文更见才气。规矩文要求练好写作基本功，包括审题、立意、选材、构思等，同时还要掌握记叙文、议论文、说明文、应用文的基本要领和写作规范。规矩文的写作要在教师的指导下进行。放胆文则鼓励学生放飞自我、大胆想象，各呈创意、各展所长，尤其是展现自己的写作能力、语言表达能力、批判性思维能力和辩证思维能力。放胆文的写作可以多种多样，除了大作文，也可以写小作文。有兴趣的学生还可以进行文学创作，写诗歌、小说、散文、剧本等。

学习语文还要养成四个好习惯。第一，享受阅读的习惯。爱阅读非常重要，每个同学都应该有自己的个性化书单。有的同学喜欢网络小说也没有关系，但需要防止沉迷其中，钻进"死胡同"。这套《爱阅读·课本里的作家》丛书，给中小学生课外阅读提供了大量古今中外的名家名作。第二，善于思考的习惯。在这个大众创业、万众创新的时代，创新人才的标准，已不再是把已有的知识烂熟于心，而是能够独立思考，敢于质疑，能够自己去发现问题、提出问题和解决问题，需要具有探究质疑能力、独立思考能力、批判性思维和辩证思维能力。第三，乐于表达的习惯。表达的乐趣在于说或写的过程，这个过程比说得好、写得完美更重要。写作形式可以不拘一格，比如作文、日记、笔记、随笔、漫画等。第四，自主学习的习惯。我的地盘我做主，我的语文我做主。不是为老师学，也不是为父母长辈学，而是为自己的精神成长学，为自己的未来学。

愿广大中小学生能借助这套《爱阅读·课本里的作家》丛书，真正爱上阅读，插上想象的翅膀，飞向未来的广阔天地！

石之川

目录

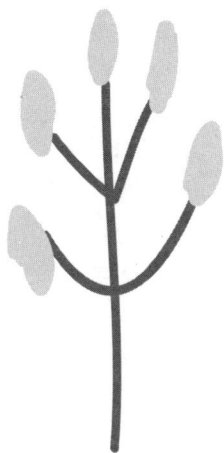

我爱读课文

原文赏读

我的"长生果"

体　　裁：散文

作　　者：叶文玲

创作时间：当代

作品出处：部编版语文五年级（上册）

内容简介：这篇叙事散文主要回忆了作者少年时代的读书生活，阐明了作者对读书的独特感受，以及读书给作者生活带来的影响，从而进一步表达了作者对书籍和阅读的浓厚兴趣和热爱之情。

/////////////////////// 读前导航 ///////////////////////

阅读准备

　　叶文玲是20世纪40年代出生的作家，她的作品层面跨度大，她有着独特的女性写作方式，既柔情似水，又柔中带刚，这种写作风格对中国文坛产生了重要的影响。

　　叶文玲的作品，以描写普通人的命运和心灵世界为主要基调，语言自然朴素，文字清新流畅，感情真挚，生活气息浓郁。

目标我知道

学习目标	会写"赢、津、皎、誉"等生字 会认"喻、差、瘾、奔、籍、偿"等生字 读准多音字"奔"
学习重点	默读课文后，试说出作者读过哪些类型的书
学习难点	默读课文，体会作者从读书、作文中悟出的道理

精彩赏读

课本原文

我的"长生果"[1]

叶文玲

① 书，被人们称为人类文明的"长生果"。这个比喻，我觉得特别亲切。

【第一部分（第①段）：开篇以比喻点题，形象地点明书对人类精神生活的作用。】

② 像蜂蝶飞过花丛，像泉水流经山谷，我每忆及少年时代，就禁不住涌起愉悦之情。在记忆中，少年时代的读书生活恰似一幅流光溢彩的画页，也似一阕跳跃着欢快音符的乐章。

③ 我最早的读物是被孩子们叫作"香烟人"的小画片。那是一种比火柴盒略大的硬纸片，正面印画，

[1] 文章名的"长生果"加引号的意义：说明它有特殊的含义，在文中指"书"。作者把书比作"长生果"，表达了书和人类之间的关系，以及作者对书的无比喜爱之情。

背面印字，是每盒香烟中的附赠物。遇到大人让孩子买烟，这美差往往被男孩抢了去，我们女孩只落了个眼羡的份儿。男孩子集得多了，就开始比赛用手掌刮"香烟人"，看谁刮得远。这时，我就卖力地呐喊助威，为的是最后能在赢家手里饱览那一大沓画片。这些印着"水浒""三国"故事的小画片，是我最早见到的"连环画"。

④ 开始我看得津津有味，天长日久，就感到不过瘾了。

⑤ 后来，我看到几本真正的连环画。一位爱好美术的小学教师，他有几套连环画，我看得如醉如痴：《七色花》引得我浮想联翩，《血泪仇》又叫我泪落如珠。后来，哥哥的朋友们送了我几册小书：《刘胡兰小传》《卓娅和舒拉的故事》《古丽雅的道路》……只要手中一有书，我就忘了吃、忘了睡。

⑥ 渐渐地，连环画一类的小书已不能使我满足了，我又发现了一块"绿洲"——小镇的文化站有几百册图书！我每天一放下书包就直奔那里。几个月的工夫，这个小图书馆所有的文艺书籍，我差不多都借阅了。我读得很快，囫囵吞枣，大有"不求甚解"的味道。吸引我的首先是故事，是各种人物的命运遭遇，他们的悲欢离合常使我牵肠挂肚。

⑦ 莎士比亚说："书籍是全世界的营养品。"像我这样如饥似渴阅读的少年，它的功用更是不言而喻。醉心阅读使我得到了报偿。从小学三年级开始，我的作文便常常居全班之冠。阅读也大大扩展了我的想象

【津津有味】形容趣味很浓或很有滋味。文中指看画片时非常有兴趣。

【牵肠挂肚】形容非常挂念，放心不下。

【不言而喻】不用说就可以明白。

力，在家对着一面花纹驳杂的石墙，我会待上半天，构想种种神话传说。[1]

【第二部分（第②－⑦段）：作者回忆了自己少年时代酷爱读书的几件事，以及读书给作者带来的回报。】

⑧记得有一次，作文的题目是《秋天来了》。老师读了一段范文之后，当大多数同学千篇一律地开始写"秋天来了，树叶黄了，一片一片地飘到了地上"时，我心里忽然掠过了不安分的一念：大家都这样写多没意思！我要用自己的眼睛去看秋天，用自己的感受去写秋天。

⑨我把秋天比作一个穿着金色衣裙的仙女，她那轻飘的衣袖拂去了太阳的焦热，将明亮和清爽撒给大地；她用宽大的衣衫挡着风寒，却捧起沉甸甸的果实奉献人间。人们都爱秋天，爱她的天高气爽，爱她的云淡日丽，爱她的香飘四野。秋天，使农民的笑容格外灿烂。

⑩于是，我的作文得了个"甲优"，老师在文中又圈又点，并将它作为范文在班上朗读。

⑪这小小的光荣，使我悟得一点道理：作文，首先构思要别出心裁，落笔也要有点儿与众不同的"鲜味"才好。这些领悟自然是课外读物的馈赠。

⑫后来，我又不满足于只看一般的故事书了，学校图书馆那丰富的图书又像磁石一样吸引着我。那些古今中外的大部头小说使我着迷，我把所有课余时间都花在借阅图书上。这时我养成了做笔记的习惯：记

[1] 阐述了阅读和作文之间的关系。

【别出心裁】独创一格，另外想出与众不同的主意、办法。

[1] 作者介绍了自己通过阅读养成的做笔记的好习惯，同时也道出了做笔记的好处。

书中优美的词语，记描写的精彩段落。做笔记锻炼了我的记忆力，也增强了我的理解力。[1]

⑬ 有一次命题作文写"一件不愉快的往事"，我的情绪分外激动，觉得自己得到了一个大显身手的好机会：小时候受过的一次委屈，平常积累的那些描写苦恼心境的词语，像酵母似的发挥了作用。我从一个清冷的黄昏开始写，以月亮的美丽皎洁和周围人的嬉笑，来反衬一个受委屈的小女孩的孤独和寂寞。写着写着，我禁不住眼泪汪汪。这篇充满真情实感的作文又得到了好评，被用大字誊抄出来贴在教室的墙上。可是，看到老师用红笔圈出我写的月亮"像一轮玉盘嵌在蓝色的天幕中"这句话，说这个"嵌"字用得特别传神时，我脸红了。我不能心安理得地接受这个赞誉——因为这句描写和这个"特别传神"的"嵌"字，是我看了巴金先生的《家》后念念不忘的词句。

【呕心沥血】形容费尽心思，耗尽心血。

⑭ 于是，我又悟出了一点道理：作文，要写真情实感；作文练习，开始离不开借鉴和模仿，但是真正打动人心的东西，应该是自己呕心沥血的创造。

【第二部分（第⑧-⑭段）：作者回忆了自己两次成功习作的经历，说明了阅读积累是写作的基础，并阐述了自己对写好作文的看法。】

作品赏析

　　这篇课文讲的是作者小时候喜爱上阅读的经历，并具体阐述了阅读对作者生活所带来的影响。这篇课文在结构上，以时间为序，线索清晰。开篇点题，主旨鲜明。文中又恰当地运用比喻——"书，被人们称为人类文明的'长生果'"，能够使我们更加清晰地理解和掌握文章的主旨。除了运用比喻之外，作者在文中还列举事例来阐述道理。作者通过叙述小时候写作文的两件事，阐述了深刻的道理：第一，作文首先要在构思上别出心裁，落笔也要与众不同。第二，要写真情实感。作文虽然一开始离不开借鉴和模仿，但不能停留于此，要有自己呕心沥血创造的能真正打动人心的东西。

//////////////////////// 积累与表达 ////////////////////////

字词我来记

会写的字

yíng	部首	笔画	结构	造字	组词	
赢	月	17	上中下	形声	共赢　赢家	
	辨字	赢（赢弱）　嬴（嬴政）				
字义	1.胜（与"输"相对）。2.获利。					
造句	共赢才是真的赢。					

jīn	部首	笔画	结构	造字	组词	
津	氵	9	左右	形声	津津乐道　问津	
	辨字	律（律师　自律）　建（建设　建筑）				
字义	1.唾液。2.渡口。					
造句	那件事都过去多久了，可是大家提起它来还是那么津津乐道。					

jiǎo	部首	笔画	结构	造字	组词
皎	白	11	左右	形声	皎洁 皎皎
	辨字	皓（皓月 明眸皓齿） 跤（摔跤 跌跤）			
字义	白而亮。				
造句	皎洁的月光洒向大地，路面像是披上了一件银色的斗篷。				

yù	部首	笔画	结构	造字	组词
誉	言	13	上下	形声	荣誉 赞誉
	辨字	誊（誊写 誊录） 举（举世闻名 举重若轻）			
字义	1.称赞。2.名誉。				
造句	无瑕的名誉是世间最纯粹的珍宝。				

会认的字

yù	组词
喻	比喻 家喻户晓

chāi	组词
差	出差 差事

yǐn	组词
瘾	过瘾 上瘾

bèn	组词
奔	投奔 直奔

jí	组词
籍	书籍 古籍

cháng	组词
偿	补偿 抵偿

多音字

奔 ┌ bèn（投奔）
  └ bēn（奔跑）

辨析： 读 bēn 时，（1）奔走；急跑。如：奔驰、狂奔。（2）紧忙；赶快或赶急事。如：奔命。读 bèn 时，（1）直向目的地走去。如：

投奔。（2）朝；向。如：奔这边走。

近义词

别出心裁—独出心裁　　浮想联翩—思绪万千

悲欢离合—喜怒哀乐　　不言而喻—显而易见

大显身手—大显神通　　领悟—领会

反义词

模仿—独创　　　　　　千篇一律—五花八门

牵肠挂肚—置之脑后　　不言而喻—扑朔迷离

大显身手—无能为力　　心安理得—问心有愧

日积月累

1. 在记忆中，少年时代的读书生活恰似一幅流光溢彩的画页，也似一阕跳跃着欢快音符的乐章。

2. 这些领悟自然是课外读物的馈赠。

3. 后来，我又不满足于只看一般的故事书了，学校图书馆那丰富的图书又像磁石一样吸引着我。

读后感想

读《我的"长生果"》有感

我读了作家叶文玲的文章《我的"长生果"》后，感触很深。作者用优美的句子、流畅的语言、丰富的词汇，给我展现了一个小女孩渴望读书的画面。

作者从小到大的"读书史"随着年龄和阅读量的增加开始转变，

从小画片到连环画再到文艺书籍或大部头小说，无不显示了作者对书的热爱。接着，作者又述说了少年时代读书时学以致用、在作文上悟出的两个道理，这让我感到如文中所说"少年时代的读书生活恰似一幅流光溢彩的画页"，我也真正感受到，书是人类文明的"长生果"。

我也爱书，也是一只"小书虫"，但我之前不愿像作者那样做笔记，我认为把书"装"在脑子里就可以了。俗话说得好："好记性不如烂笔头。"是啊，再好的记性也会忘记一些事情，所以才要看看阅读笔记，"刷新"一下，才不会把书中的东西忘却。我也要养成做笔记的好习惯，让笔记成为我的一座宝库。

书，能把你带进知识的海洋；书，能带你领略人生的真谛；书，能让你感受爱的奇迹。

精彩语句

1. 俗话说得好："好记性不如烂笔头。"

"好记性不如烂笔头"告诫我们：无论你的头脑记性再好，也有遗忘的时候，但你的笔记不会遗忘你所记录下来的内容。

2. 书，能把你带进知识的海洋；书，能带你领略人生的真谛；书，能让你感受爱的奇迹。

最后一段运用排比的修辞手法，进一步阐述了读书的重要性，照应开头，点明主题。

妙笔生花

读过叶文玲女士的这篇《我的"长生果"》，你对阅读和写作有了哪些新的看法呢？也试着写下自己的阅读计划，写写读书笔记吧！

_____

_____

_____

_____

_____

_____

_____

_____

_____

_____

//////////////////// 知识乐园 ////////////////////

一、比一比，再组词。

┌赢（　　　） 　┌律（　　　） 　┌誊（　　　）
└羸（　　　） 　└津（　　　） 　└誉（　　　）

二、把下面成语补充完整，再选择合适的成语填空。

流光（　）彩　　　　津津有（　）　　　　如痴如（　）

浮想联（　）　　　　牵（　）挂肚　　　　别出心（　）

1.家乡美的像首诗，令人_____。

2.这个电视广告制作的_____，十分吸引人。

3.我站在泰山之巅，俯视云海，_____。

三、选词填空。

宽大的　　沉甸甸的　　农民的　　轻飘的　　太阳的

我把秋天比作一个穿着金色衣裙的仙女，她那_____衣袖拂去
了_____焦热，将明亮和清爽撒给大地；她用_____衣衫挡着风寒，
却捧起_____果实奉献人间。人们都爱秋天，爱她的天高气爽，爱
她的云淡日丽，爱她的香飘四野。秋天，使_____笑容格外灿烂。

四、按要求改写句子。

1.少年时代的读书生活恰似一幅流光溢彩的画页。（缩句）

_____

2.书籍是全世界的营养品。（照样子，写句子）

_____

3.老师把我写的作文作为范文在班上朗读。（改成"被"字句）

_____

五、我会默写。

1.春风又绿江南岸，_____。——王安石《泊船瓜洲》

2._____，山青花欲燃。——杜甫《绝句》

3.黄河远上白云间，_____。——王之涣《凉州词》

4.九曲黄河万里沙，_____。——刘禹锡《浪淘沙》

课本作家作品

自主阅读

美美与共

费孝通先生曾言："各美其美，美人之美；美美与共，天下大同。"

在我们的生活时空里，美和美的艺术是如此丰富着人们的心灵：在面对美不胜收的自然奇景时，我们常常会有一种无言以对的震撼，在大自然的鬼斧神工面前，一切描摹的语言都是苍白无力的；而当我们在美术家们所创造的艺术天地徜徉流连时，同样也会有一种直指人心的感动，似乎连一声惊叹都会是一种打扰和亵渎。

对美的向往和追求，是众多美术家们穷其一生所冀望达成的艺术使命，当他们将这种追求在美术作品中表达出来，使得人们能够欣赏到美和美的艺术，便是对"美美与共"一词的最好阐释。而对于我这样的文字工作者，能够身体力行实践"美美与共"的精神，我想，应该就是以文字记录美术家们对于美的追求历程，以文字分享美术家们对于美的表达和阐释；以此，来传递美的精神。

身为一个作家，我热爱奇山丽水，也热爱美术家所创造的瑰丽天地和多彩人生。在伏案写作之余，欣赏画家朋友的新作佳作是我最为赏心的乐事之一。优秀精彩的画作，总会有一种巨大而无形的力量，将观者引入其中，仿佛完全置身于画中的世界，令人感同身受。

"青山不墨千秋画，绿水无弦万古琴。"大川奔流，高山耸立，是大自然的神妙杰作；而优秀的画家，也同样具备造化无极的鬼斧神工，随心营造，点抹成景；水墨相溶，或清秀洒脱，或温润静雅；远观近看，禅意动人心魄，可堪再三玩味，久久流连。好的艺术作品，确有治疗心灵的功效。

所以，看到一幅好画，我永远都会心潮澎湃，它表达了我的千言万语。

"美是文学的生命"一向是我恪守的创作宗旨，"真善美"更是美术家与作家的共同追求。作家和美术家的劳动虽然有异，但是，操笔为锄，耕耘出一片属于自己的领域，乃是大家的共同目标。有着同样的艺术追求，本是同道中人，因此在文坛耕耘五十余年，我所结识的画家朋友，一点儿也不少于我的作家朋友。我之所以与众多画家交情匪浅，不仅是我爱看画，也是因为敬重画家们的那种文化自觉。

二〇〇六年，在纪念费孝通先生逝世一周年的座谈会上，与会的刘梦溪先生提出了费孝通先生的两大值得阐扬的观点：一是文化自觉，二是美美与共。他说，文化自觉对个人而言，就是要具有自我反思、自我批判的能力。他又说，对文化遗产的保护和传承，是传承人类精神的血脉，是民族的薪火相传，只有到了这个层次，才称得上是文化自觉。在物质生活高速发展的今天，在许多方面，文化尊严不得不向世俗低头，慎独自守的心态被急功近利的浮躁所取代；功利化的心态导致人文精神的缺失，已是我们这个社会不能忽视的问题。而所幸，我们中华民族，还始终拥有那些以精神创造为愉悦、以文化提升为己任的艺术家和作家。

"痴心肠且在葫芦里装宇宙，只且将一支秃笔长相守。"身为作家，我一辈子也是个"痴心肠"。即使再是"寂寞书院冷"，我也甘于以笔为凭，做一名永远的"美的探索者"。而我笔下书中所写的这些美术家们，也无一不是艺术殿堂的"痴心肠"和"美的探索者"。

"若能杯水如名淡，应信村茶比酒香。"中国文化的传统特质，既有一脉相承的独到品质，也有创新求变的突破与革新，更有万物在我的恢宏与包容。是这般丰厚与博大的精神底蕴，造就了几千年文化的传承。这种文化的底蕴，便如静水流深，隐藏在我们心底的某个角落，在需要的时候，它会发出声音，那种声音并不强大，却很有分量，一直抵达我们的内心。

也许，现在就是发出某种声音的时候了。

所以，我要写一写这些美术家。

我的想法，得到了中国国家画院院长杨晓阳先生及许多画家朋友的支持，同时，许多作家朋友，在我编写的过程中，也奉献了各自的佳作，是为幸事。

"在书出神采，在画出神韵。"这些美术家，泰半已是功成名就，他们的作品，也都是形神俱备，各具神韵。而我手中的钝笔，却难以写出这些人神采之一二，纵是再写得烟岚满纸，怕也难以如美术家们自己笔下的画作那样出神入化。遗珠之憾，尚请读者和主角海涵。无论如何，如果能够将这些美术家的作品之美以及艺术人生之中那些美的履痕，以文字向读者呈现出来一小部分的话，在我，也就算是达到了"美美与共"的目的。

我的"长生果"①

众所周知，人类文明传递有两个最主要的场所：图书馆和课堂。

少年时最迷恋的所在是图书馆，最向往的地方是课堂，这种向往和爱好一直延续到今天，可以说初衷不改。

所以，在记忆的荧屏中，最清晰的人物是为我讲过课的有真才实学的老师，最深刻的就是被老师讲得妙趣横生的课文。

而今，岁月嬗递，马齿渐增，我忘了近年的、眼前的许多事，却忘不了在小学、中学学习的那些年月。

我青少年时代的正式学历是初中毕业。在以往面对媒体的采访时，我无数次地说过"我的大学""在人间"。

为什么是这样？说来话长，那就长话短说。我想说的是：小学六年、初中三年学习的有限时光，在我的人生经历中，是最能叫我常常追忆的美好岁月。初中三年，我深深铭记着所有给我授过课的老师，可谓师恩难忘。在后来成为作家的年月里，我曾以不少篇章写到了我的这些可敬可爱的老师们。

从小学识字起，我便热爱阅读，可在我们那个山头海角的偏远小镇，见到的书非常有限，于是我"贪婪"得"连一片有字的纸头都不放过"；上了初中，我对语文课的热爱有增无减。连续三年我都是语文课代表，参加了好几个课外兴趣小组，最为热情投入的就

---

① 又名《写作的酵母》。

是语文兴趣小组；除此之外，我还当着学校黑板报的通讯员兼编辑。

三年中，最叫我兴奋的事，就是写作的"尖角初露"：初二第一学期那年我十三岁，在刚创办的县级报纸——《玉环报》上发表了一篇小小说：《小风波》（发表时，编辑添了"夫妻间的"四字）。这一下轰动了全校，而"风波"二字，虽说与当时我们阅读的语文课本中的鲁迅小说《风波》断断不可同日而语，但作品那潜移默化的影响，可以说就像"随风潜入夜"的春雨那样渗入我心。

后来，我又接二连三地发表了几篇文章，"小作家"的桂冠从此戴到了我的头上。虽然，我一直没有把这些非常稚嫩的作品列为踏上文学创作之途的处女作（我的"处女作"一般是指一九五八年发表在省文联刊物《东海》上的短篇小说《我和雪梅》），但是，有一点我却无可否认：文学的种子恰恰是在"高小"、初中学习语文、练习作文时在心中埋下的写作的星火，此后也常在心头闪烁。

在漫漫人生途中，在遭遇无数挫折或人生最不堪的经历时，阅读和写作既是我感情的寄托也是我精神的乐园。

众所周知，比喻，是写作文不可或缺的要素。而真情实感，更是写作者必具的"素质"。

我曾在《我的"长生果"》这篇小文中，开宗明义引用了比喻："书，人们称为人类文明的'长生果'。"

"像蜂蝶飞过花丛，像泉水流经山谷，我每忆及少年时代，就禁不住涌起愉悦之情。在记忆中，少年时代的读书生活恰似一幅流光溢彩的画页，也似一阕跳跃着欢快音符的乐章……"——这是我对中学时代生活的鲜明回忆。

虽然这么多的比喻近乎"轰炸"，可当时我一口气用了这么多，并非刻意堆积，而完全是彼时心情的写照。

"比喻总是蹩脚的"——少年朋友可能听说过这样的话。但是，在更多的情况下,贴切的比喻不仅仅是叙述语言的一种强化,更是一种创意。贴切美好的比喻,使叙述的对象更加形象化,能够叫行文如流水,如乐章,能够增强人的阅读美感。

莎士比亚也说过:"书籍是全世界的营养品。"关于书籍的比喻,同学们要是有心搜集的话,那真是比比皆是,比如"书籍是人类进步的阶梯""书犹药也,善读可以医愚"等。这里,我选用莎士比亚的这一比喻,不仅仅是因为莎氏说得好,更重要的是,这句比喻对当时正处于成长的我来说,非常贴切。因为那时我对阅读的感觉真是如饥似渴,所以,"营养品"一词就显得恰如其分。同一事物,比喻是很多的,但是,在运用时,能不能挑选最准确、鲜明而又生动的一句,就要看作者的眼光。

阅读于我还有一个功用,就是大大扩展了我的想象力。我家里后园有一面石墙,对着那驳杂的花纹,我会构想出这这那那的图景,完全进入一种痴想的状态,这种痴想当然是幼稚而杂乱的,但这种痴想——联想,也是开启大脑活动的一种"构思",而开启这种心智的钥匙,就是阅读。

从小学到中学,我不知写了多少篇作文。我在小学、中学的作文常得第一,也曾屡屡作为"范文"在班上朗读。曾记得老师有次让我们写《秋天来了》这样的作文,这个作文题写了不止一次,但这个命题却使我悟到了写作的要领,我不再像大多数同学那样,千篇一律地写"秋天来了,树叶黄了,一片一片地飘到了地上……",而是将秋天比作一个穿着金色衣裙的仙女;她那轻飘的衣袖拂去了太阳的焦热,将明亮和清爽撒给大地,她用宽大的衣衫挡着风寒,却捧起沉甸甸的果实奉献人间。人们都爱秋天,爱她的天高气爽,爱她的云淡日丽,爱她的香飘四野。秋天,使农民的笑容格外灿烂……

老师在我的这篇作文中又圈又点，并又一次在班上朗读。

在这里，我就是想告诉同学们一个我所领悟的道理：写作文，首先，构思要别出心裁，落笔也应处处有与众不同的鲜味才好。

我在这里强调了"与众不同"。这四个字也是作文能不能写得出众的要义。"与众不同"引申到一个作家的作品，那就是特色鲜明的创作个性。对作家们来说，也许，读者的最大的褒扬语就是"掩住作者名字、光看看文字就知道是谁的作品"。

这就是与众不同，就是个性特色。人云亦云的写作，没有创意，是写作的大忌。少年的写作到作家的"创作"，关键就是这个创造的"创"。

我所有的领悟，都是阅读于我的馈赠。

同样因为阅读，我又渐渐养成了做笔记的习惯——开始，这做笔记当然只是单纯的记录：记书中优美的词语，记描写的精彩段落。这样做，锻炼了我的记忆力，也增强了我的理解力。

但我更想告诉同学们做作文的道理是："作文，要写真情实感；作文练习，开始离不开借鉴模仿，但是真正打动人的东西，应该是自己呕心沥血的创造。"

真情实感与借鉴模仿有着不可分割的关系。但是，它们的基础便是勤奋学习，阅读，也是写作的酵母，假如不是读过几百部真正的小说，我绝不可能写出那篇八百字的小小说《风波》。

"书籍，人类文明的'长生果'"的含义不言而喻。自觉而良好的阅读习惯，对于处在学习阶段的同学们，最为重要。

城市的明眸

　　每年都想看一次海，是我永恒的一种情结。这情结的那一端自然就系在了与海相连的地方——蓝天碧海、绿树红瓦的青岛。

　　我认为青岛是个最可人的北方城市，可人的形象在心中装了几十年，渐渐凝固起一种家园式的情感，渐渐地觉得天下虽大，好像没有一处可以与她媲美，每次到访青岛我也总找得出那种唯有自己才能体会的优美可爱，就像对于相亲相爱而又远离的情人，正因为不能长相厮守，她的一颦一笑都让人心旌荡漾，她身上的丝丝缕缕都在散发着令人依恋、令人迷醉的气息，因而就觉得在她身边度过的分分秒秒都让人倍加珍惜。

　　距上次去青岛，一晃就是六年。

　　六年之后看青岛，她的变化之大在意料之中也在意料之外。说"之中"，那当然是和全国各地正在飞速发展的城市一样，耸入云天的楼房毗连成林，新潮的建筑群，为这座本来就很"洋气"的滨海城市更添气派；说"之外"，那是我虽然早知她凭借"滨海"的优势造就了许多不同一般的景致，海滨的这一湾、那一凹，本来都是现代人最爱聚居的"黄金宝地"，而今，这些"宝地"人气大旺，每一湾、每一凹都争奇斗巧，迅速生长的新景观，更叫她成了碧海蓝天中的仙乡！

　　蓝天碧海的大背景，使青岛的景致总是那样色彩绚丽。地形的起伏，又使青岛那些本来就很欧式的建筑，越发妖娆多姿。六年后我看变化了的青岛，就如看拔萃的丽人，楚楚动人、仪态万方。

　　我将青岛如此作比，是在于她并非传统概念中那种只有闭月羞花之貌却羞于人前的古典美人，而因她确是那种既"前卫"又"先锋"的现代靓女。我们常说，靓女之美，首先在于有"巧笑倩兮，美目盼兮"的美目。作为一个现代城市，必不可少的是要有与之匹配的城市雕塑。

　　城市雕塑，就是城市的明眸美目。四处徜徉，我骤然明白了青岛变得如此之美的缘由。

　　注重文化、开辟文化资源，也是青岛人的聪明之举，百花苑就是较早开发的一处集园林和雕塑之美的所在。那日，游览到此，似有若无的细雨使游赏倍添优雅闲适，潺潺清流为掩映在苍松翠柏中的名人雕像做着永远的歌吟。二十座人物塑像多半是山东籍，在青岛留下青名的闻一多、老舍、沈从文等文豪赫然矗立。浙江籍的生物学家童第周、海洋学家毛汉礼、教育家华岗也被铭刻，令同为老乡的我分外感奋。

　　东海路是随着东部的发展开辟的新路，缘因建设者的匠心，这条新辟的傍海大道，逶迤着一片雕塑园区，有着无边碧海作背景，那像一串珠链相环的雕塑园区，光听名称就让你觉出了不凡：海涛、海趣、海风、海韵……在海风园区和海韵园区间，有非常宽广的五四广场，广场上矗立着大雕塑"五月的风"，凭颜色可以看作火炬，而凭造型又极似旋风，这雕塑，一下子就将青岛人在发展变化中的气派和雄心浓缩而凝练地表达出来了。从五四广场往西，就是海韵园，海韵园无愧其名，"海生风韵"地稍稍一弯，又弯出了个浪琴园和银都花园；与此相连的是海趣园和海风园，一道百米喷泉挽起了东西两头的园区，而尽西头，便是尽现"明眸"之美的海涛园。

坐落于太平角六路的海涛园，是名副其实的雕塑园，它的主体雕塑是一座名为"天地间"的青铜雕，而此间的拍天海浪所形成的背景也特别壮观，这座十二米的雕塑从立意到造型，与青岛这座城市分外相称：造型是一双巨足上立着一双巨手，两手之间托抚着一个球，既可看作一双强劲有力的手托着宇宙空间的地球，也有"掌握现代科技的人类已经到了可玩地球于股掌之间"的意味和喻示。总之，气派极了，也雄伟极了。

海涛雕塑园最令人动心的自然是它那有着十二根雕塑圆柱的"世纪长廊"，这十二根花岗岩雕圆柱相隔几十米而竖立，每一座高约8.6米，上端的花纹各个不同，下部的内容则包括了大禹治水、愚公移山、戚继光抗倭、郑成功收复台湾、四大发明、李白与杜甫、尧舜禅让、将相和、文成公主入藏、田单火牛破燕阵、孟母三迁、司马迁治史十二则故事，创作者则是中央工艺美院的雕塑家们。尽管这些人物或故事的选择，从时间衔接上也许有点随意无序，但毕竟都是很有意义的题材，让人深感"世纪长廊"的确立意不俗。

有意思的是，创作者在雕刻这些故事时，也没忘记刻上一些有意义的诗句，在李白与杜甫的那组雕塑中自不必说，在戚继光抗倭的那一组中，也有"封侯非我愿，但求海波平"这样的豪语壮言，在波涛汹涌的海边读来，使人倍添豪情。

令我感动的还有一点：这个雕塑园区还设计了铜牌制作的盲文说明图，让那些"看不见"壮丽景观的人也装上一双"明眸"——能够通过触摸而感受其间的美丽。

　　我之所以不厌其详地记下这一切，是因为这里着实让人迷恋，让人分外感觉到了青岛这座城市的雄伟博大，而让人造成这一感觉的，乃是建设者的智慧：是他们在必不可少地矗立城市的森林般的建筑群时，没忘为她"安上"一双双"明眸"，而恰恰是这一双双"明眸"，使青岛倍加亮丽，让她充分地展示了自己的个性。

一九九九年

青岛变奏曲

在我生活的历程中，青岛是独特的一章。

二十一年前的七月，当大海轮驶进青岛的门户——大公岛、小公岛时，我顿时忘记了晕船的不适，眼睛一亮，不由地深深吸了口气，又长长地舒了口气。呵，这美丽的海滨城市，竟使我这个从小喝东海水长大的姑娘，也为之叹服了。

我好像成了一位抒情诗人，普希金的《致大海》像一串美妙的音符，在胸中激荡。碧绿湛蓝的黄海呵，你这高尚"自由的元素"，竟有如此的神力，把万斛珍珠、大块大块的翡翠奉献给海岸，缀在美丽的青岛胸前！

我忘记了自己，只遗憾手里没拿着一支画笔——呵，多么和谐的青山碧水、红瓦绿树！可惜我不能尽情地挥洒、点染，飞快地涂抹出这令人目眩的水墨、水粉、水彩……

哦，我又可惜自己不是一名建筑设计师！否则，我要把这尖顶、飞檐、圆拱、"哥特式""日式"，再加上多棱体石头墙裙的一座座中西合璧的小阁楼的精妙设计摄入脑海，以便在今后的设计稿中，也会出现这仿若安徒生童话世界里的房屋。

呵，青岛，你如诗似画的景色，唤起了我如此炽烈的激情，强烈地拨动着我的心弦。

我徜徉在洁净的街头，任海风扯着头发、拽着裙衫。这长廊似的栈桥，灯光这般明亮。这照亮海天的一轮明月，又如此娇媚，月光下轻轻跳动的细波，竟像无数碎银撒在大海。悠扬的手风琴时断时续，哦，那琴声，我听出来了，那不是抒情名曲"月光恋爱着海洋，海洋恋爱着月光"吗？

今年仲夏，我又来到了青岛。

站在甲板上，我眯起了眼，眼睛有点发花。哦，星移斗转十七载。我也老了，可是你呢，青岛，也变老了吗？哦，瞧这成百上千挥着巨臂的塔吊，瞧这重峦叠嶂似的高过"东海饭店"的银灰色大厦，青岛正唱着雄浑的前进曲呢！呵，青岛没有变，白色灯塔挺立依然，防波堤上垂钓者、漫步者，仍是那样悠闲，那苍劲的青松，还是那样翠盖亭亭，迎着海风轻轻摇动着它的针叶……

上了岸，那熟悉而又陌生的感觉更加强烈：青岛变了，变了！

这儿原本是有名的西广场"破烂市"，可是，那刺鼻的鱼臭、发霉的铺衬、锈迹斑斑的渔具、震耳的击打破铜烂铁的噪声都哪里去了？八幢拔地而起的七层大楼，列兵线似的一排排大厦，傲然地俯瞰着大海！还有这庞大的冷藏厂、船用锅炉厂，都像雨后的蘑菇"冒"出在这一带！

是的，我不否认那些"地平线"以下的只能看到一片红瓦屋顶的平民住房还很多，只有它们还保持着青岛"平民区"的旧貌。正因如此，这儿通常是观光者不肯驻足的地方。但是，你只消稍稍一停步，便可发觉这些住宅也有了变化，这些房子虽小，窗前屋后却栽满了盆栽与小树；这些人家虽住得很挤，但十家九家，都从屋脊上伸出一支支昂首叉腰的电视天线！

从那一个个一米见方的窗口，传出来了欢快的乐曲，在一间间十平方米的房间里，我看到了奶黄色的大立柜、擦得发亮的落地风扇，以及水中插着小灯泡的热带鱼的鱼缸……

哦，青岛变了，不只是马路上高楼的崛起、家庭中现代化家具的骤增，更主要的是青岛的人变了，变得更欢乐、更爱生活了！

何须细说细道，你只消看看傍晚嬉笑的海滨，看看那不肯安静的海滩！

浪花轻拍岩礁，该是千百年来的场景，游人漫步沙滩，也非罕见的奇迹。可是，以往哪有今天这般热闹非凡呵！你看，湛蓝湛蓝的海水中，月照中天了，还有许许多多不肯上岸的游泳者！你瞧这曲曲弯弯的十里防波堤岸，东一簇，西一群，若要细点乘凉小憩的人数，恐怕连电子计算机也要“失算”。不，还有呢，还有这一队队“夜练”的小武术家，一组组自动凑拢的“故事会”“音乐会”……还有那呢喃细语的年轻人，盈盈款款，双双对对。哦，大海对恋爱着的年轻人，一向格外青睐，它轻轻鸣奏着小夜曲，美妙而悠远……呵，人们是那样尽兴，笑声是这样畅快，欢乐就像大海那样无边无沿！

当然，聚集在海滨的不只是一色的青岛人，更多的倒是外地来的客人。山东人的豪爽和好客，使青岛的人口“膨胀”了二分之一，盛夏时游客人数猛增！这些游兴正浓的人聚集在海滨，怎能不汇成一个沸腾的海洋？

是的，不是对生活充满欢乐感的人，绝不会有兴致来游山玩水；不是对祖国的未来充满信心的人，绝不会如此笑语喧天。在这欢乐而沸腾的海洋里"泡一泡"，你会顿感精神抖擞，情思飞动，花甲老人也会一下子年轻起来……

我爱恋青岛，更为青岛的变化骄傲。我祝福这颗黄海的明珠，变得更加明丽、更加璀璨。

一九八四年

太阳的香味

没有去过青海，我却早早有了从古诗中获得的认识："青海长云暗雪山，孤城遥望玉门关"，"青海戍头空有月，黄沙碛里本无春"。

青海高原，你难道真是这样春无春，秋非秋，荒漠、苍凉，令人听而生畏的吗？

不是亲聆目睹，我总疑信参半，没有去过的地方，又特别想去闯一闯。

我终于去青海了。

沿着青藏线的兵站，我们走了整整一个月，朝行夜宿，四千里路云和月，自以为快走出"界"了呢，细看地图，嘿，只不过沿着柴达木走了多半圈！

但我还是异常兴奋：那变幻着奇光异彩的青海湖，那有着神话般传说的日月山，那有着无穷珍藏的"聚宝盆"，那如白银铺地的察尔汗……哦，高原、高原，你绝不像古人咏叹的那般萧索荒凉，更不像我原先揣想的那样单调刻板。

七、八、九三个月是青海高原的黄金季节。这时的高原，风和气爽、万物向荣，金色的太阳日日高悬，光照的时间特别长。这时的高原，天是那么湛蓝湛蓝，云朵是那样雪白雪白，峰巅山峦绵延，湖畔草原无边，天与地的相接处，分不清云似羊群还是羊群如云。

这一派景象，这一派风光，在那些被灰蒙蒙的烟气浓浓笼罩的大城市，你是无论如何也难以想象出这样清朗幽蓝的晴空的。

我向来只知咏叹故乡江南，如处处可观的花红柳绿，如村村都有的小桥流水，也如四季可尝的鲜韭嫩蔬，可我万万没想到：形貌严峻的高原，也有许多称奇称美的事物和叫人惊叹的风光哩！

未上高原前，我们都做了"艰苦"上路的思想准备：不是吗？人都说高原寒冷、缺氧，沙漠中除了红柳、骆驼刺，便不见一点儿绿色，要能吃苦耐劳，还要准备过一过十天半个月吃不着一点儿新鲜蔬菜的生活呢！人都说，西宁以西都是海拔三千三百米以上，在那片牧草都稀少的高寒地区，你难道还想尝尝青菜、黄瓜、西红柿吗？收起贪馋的口水吧！细心的同行者老程还揣了几瓶维生素C片，真的，有备无患，到时候说不定就用得着呢！

谁知道，越往西行，越往高处走，我们这小心翼翼的"准备"就越发显得多余和可笑了，在江西沟、诺木洪、格尔木，甚至在人烟稀少的那赤台兵站，我们的饭桌上一次又一次地出现了奇迹：芹菜绿、黄瓜脆，红嘟嘟的番茄，两个就切一大盘！快尝一尝呵，唷，好鲜甜！

我们呆了。要知道，诺木洪四周几百里都是滚滚黄沙，沙漠绿洲格尔木在一九五四年还只有几顶牧羊人的破帐篷，而那赤台，即使是现在这"黄金季节"，许多人一到这里，只能张嘴喘气，连呼吸都感到困难呢！

是的，这都不假。以前，这些地方光见黄沙不见绿，要吃菜只能从几千里外的兰州往这里运，虽然只能运冬瓜、土豆这些大头货，但到了这里，还是会烂掉百分之八十，而青芹、白菜呢，连想也不要想！

那么，现在这鲜灵的青菜、红番茄，难道是王母娘娘送来的神物吗？

"自己动手样样有嘛，我们靠的是蔬菜'大棚'呵！"说话的是一个陕西口音的战士。黧黑的面孔，一排白牙齿扇贝似的闪着光，"开始时，我们盖这大棚真叫艰难呵，光那墙基就得掘下几尺深。种菜要有土，这里光有沙，就是没有土，没有，那就动手搬呗！我们挖走一车车沙，运来一筐筐土，那土坷垃全是从几百里外运来的，真是比银豆、金蛋蛋还珍贵呵！好不容易铺好了'地'，立好了'墙'，盖好了'棚'，浇了水、撒了种，嘿，还没等大伙儿高兴完呢，一阵大风铺天盖地，一场冰雹子噼里啪啦，好家伙，不到几分钟，我们的'家当'立时就稀里哗啦了！真叫人哭都来不及……你们不知道，这格尔木的老天常犯神经，动不动就刮这样的大风，一抱粗的铁烟囱说倒就倒，那天，我们的排长在棚外被刮出去十几丈远，眼睁睁就在跟前，可就趴着一动也不动，后来大家才知道，原来他怀里抱着一瓦罐菜籽……"

棚子垮了，不怕，只要大伙儿的决心不垮就从头来，重新干！

这回有教训了，塑料布不行，干脆换成玻璃的，玻璃怕砸，再加上一层厚毡！有志者，事竟成。海拔四千多米的高原上，终于有了一畦畦碧绿的蔬菜！

当他们的饭桌上竟然有香喷喷热气腾腾的青椒炒肉片、豆角烧茄子，当他们干裂的双唇喝上这鲜嫩翠绿的菠菜汤时，又怎不笑逐颜开，饭没进口心自甜哟！

高原的兵站上，一个比一个漂亮的"大棚"星罗棋布，一个比一个有趣的"故事"到处传闻……在西宁兵站部格尔木指挥所的展室，当一个个重达六斤半的茄子，一根根两斤多重的黄瓜，一根根七厘米粗、七十七厘米长的莴苣等一大批"展品"赫然出现在我们面前时，我不能不又一次为亲眼所见的高原神话所迷醉！

　　"吃嘛，快尝尝嘛！这里的瓜是特别特别好吃呐！"热情劝说的是一个四川籍的战士，粗糙的双手、黧黑的脸，和先前那位一样，他也是兵站蔬菜大棚的辛勤栽培者。

　　我们接了过来，"喵"地咬了一口……

　　"喂，你吃出有股特别的味了没有？"同行的老程，忽然眯起双眼，饶有兴味地问。

　　特别的味道？我一愣，马上会意了：是的，是有股特别的味道，高原的蔬菜瓜果哟，不但十分脆甜，而且分外芬芳，因为它融合着高原战士的万千汗水，因为它饱含着太阳的香味哪！

愿为青山绿此湖

能有宝石山相伴，西湖为邻，人生最大的幸福，也不过如此。

若是想要去湖边走走，拣门口的通衢大道，不消十分钟，便可走到断桥边，看那仿佛永远是络绎不绝的人头攒动。

若是想看更好的景致，只需从后面山上走一条石板路，不疾不徐，汗还来不及出，便到了宝石山上、保俶塔下。

若是天气晴好，此时往西湖望去，便见湖面波光粼粼，白堤划出一道自然而优美的弧线，嵌在水面上，湖上画舫徐徐穿梭，湖边游人如蚁，点缀在堤上岸边的依依杨柳旁。远处青山环绕，为目力所及处添上看不厌的苍翠青黛和起伏连绵，湖光山色这个词，竟仿佛就是为了西湖、为了西湖边的一列青山而特地生出来的。

都说上海世博会中国馆里那会动的《清明上河图》是一绝，可谁又知道，只要站在山上看西湖，那就是一年四季永不停歇的《清明上河图》，是大自然和人类和谐相处，共同打造出来的永恒的美景画卷！

杭州，"世界上最美丽华贵之城"。这是马可·波罗的赞语。

我曾想，如果把世人对杭州的咏叹搜集起来，一定是古今中外最丰厚的一本赞美诗。

我曾想，论说杭州，不能白话直说，而应用如歌的行板一唱三叹；写画杭州，不可只蘸寻常的色膏，而应掺进香醇的酒浆尽情渲染。

我常常想，说不完、道不尽、写不够的杭州，到底有多少神奇、多少美，如果不是长年累月在她身边徜徉、游历、欣赏，是断断不能完全体会的。

而自北方南归之后，在她身边流连缠绵了这二十多年的我，每每面对这世间无二的景致，想要提笔书写赞叹，却总是无从下笔，便如为一位风华绝代的美人画像，无论以什么样的笔触描摹，也都生怕刻画不出那绝世的风姿，唐突了佳人。

也许，杭州的美，已经超出了文字所能描写的范畴？

又或许，杭州的美，只适合欣赏、赞叹，而不能用语言来描述？

然而，终得西湖常相亲，心痴情也痴，免不了要说有关西湖、有关杭州的一些痴话。

山川奇秀的杭州，自有诞生的摇篮，钱塘江就是她的母亲河。

千年万载，潮汐冲击，钱塘江使烟波浩渺的海湾，沉积成河网交叉的平陆；千山万岳，绵延亘贯，天目山奉出两座最秀丽的峰峦——宝石山和吴山，岬拥着这块江湖浩漫的土地。

"三面云山一面城"的杭州，既有山的风骨，更有水的柔姿；大运河绵绵流淌，尾随钱塘江的富春江、新安江，袅袅穿越。这丰盈的一川三江，平添了杭州的妩媚。

以"东南名郡"见称于世的杭州，端端是镶嵌东海的翡翠，寸寸如写意画，处处似山水诗，人人都道江南好，位于杭嘉湖平原中心的杭州，便是江南水乡最夺目的碧玉。

"天下西湖三十六，就中最好是杭州。""未能抛得杭州去，一半勾留是此湖。"一点儿不错，杭州之所以是杭州，是因为有了西湖，难诗难画的西湖之所以有叫天下人倾倒的魅力，是因为她有着销魂夺魄的神韵。

人都说西湖的神韵在于清幽，三面春山如睡，中间盈着一汪湛湛碧水，真有"流出桃花波太软"的娴静；人又说西湖的神韵在于绮丽，依依可人的苏堤白堤上，烟柳画桥，风帘翠幕，这份绮丽只有天宫仙境可比；人又说西湖的神韵在于奇俏，她云山迢迤，亭台隐现，真有泼墨山水欲露还藏的意趣；人又说西湖的神韵在于她的多彩，她那四时八节之景，一山一水一草一木，俱有灵秀之气，冬赏蜡梅春折柳，而三秋桂子、十里荷花的美景，更让人流连沉醉；人更说西湖的神韵，就在于她所有的古刹丛林、先哲祠墓，大多有千百年历史，各处景观又十分紧凑，登山可眺湖，游湖亦看山，花港观鱼趣，柳浪闻莺啭，新旧二十景，集了人间美之大成。

一年四时，西湖总是妩媚多姿的，所谓四时晴雨，各擅胜场，而看遍风花雪月，至今最让我醉心的时令，是杭州的秋天。

每每得知友朋欲访杭州时，我总建议：要来等秋日，秋水船如天上行，秋天是杭州最好的季节。那时候，天宇朗然，空翠如滴，吴山枫叶红，湖畔花似雪，金桂银桂千万株，绿盖杭州香满城；那时候，无论仿一仿古人的神游醉游，还是来一番现代化的速游夜游，俱能兴会淋漓，得尽佳趣。

我喜欢秋天的杭州，还因为她城里城外满眼的浓绿，抬眼望山，山是层次有致的水墨，低头看湖，湖是幽幽可人的画图。当你尽情品味着青山绿水的无尽诗韵时，更有一脉脉一缕缕的清气花香，一阵阵沁人肺腑，这沁人肺腑的花香，就来自满陇满城的桂花树。

杭州桂花，不光开在早有名声的满觉陇，秋天的杭州，从农历八月起，真正是遍处桂花遍地香，当桂花被确定为市花以后，就越发恣意汪洋地遍布全城全市。山脚也好，水边也好，无论公园苗圃、百姓庭院，但凡三尺见土的地方，总有它们的踪影。有幸得住杭州的人家，不消说四时八节有花事可赏，但等秋光乍泄金风徐来之日，光那满城满陇的桂香，就足可使人无比陶醉了。

　　人都知花无百日红，再烂漫的花事也有消停之时。于是，爱花惜花的人，便在秋高气爽的时日呼朋唤友地出游，有桂花树的人家，也总是在桂香初飘之际，便早早支起了大大小小的花架帐篷。于是，年年的金风送爽时刻，闻香访桂便是此间最宜人的风光，也成了杭州人最可意的赏心乐事。于是，年年月月的这个季节，我也总会挑个好日子，携家带小，拣个桂香幽幽的去处，悠悠地走上一圈，让那浓浓淡淡的桂香，紧一阵密一阵地送入鼻端，听凭那一颗颗碎钻似的小小花蕾，在徐徐的秋风里，疏一阵密一阵，飘飘摇摇落个满肩满身。怀一种闲适心情来，染一身幽香去，此时此刻，世俗尘虑莫名烦恼全都抛之脑后，人和自然取得了最和谐的亲密，桂香花雨予人的惬意，也仿佛达到了极致。

　　一个诗意充盈的好地方，若是光有大自然赋予的好景致，总还少了点什么，而人文景观，便是人世间最美好最生动的补缀。

　　杭州的人文景观，从古到今，洋洋洒洒，领千年风流；而揽山水之胜、林壑之美的杭州西湖，更因与许多出类拔萃的历史人物的亲缘而生色。

　　西湖是英雄的湖。诸多英雄的名字倍增她的光辉：岳飞、于谦、张苍水，清末革命家秋瑾、徐锡麟等。青山有幸埋忠骨，英雄们的千秋英名和浩然正气，长留在青山绿水的西子湖畔。

　　西湖也是多情的湖。她以明媚的娇颜，启迪了历代文豪的灵思：白居易、苏东坡、柳永为她溢文流采，留下了余韵无穷的吟诵。近现代大画家吴昌硕、黄宾虹、潘天寿等也都尽情挥洒，为她摹写了许多淋漓斑斓的山水长卷。

　　杭州灿烂的文化遗产和艺术瑰宝，俱荟集于西湖。飞来峰上的三百多尊摩崖石刻，尊尊栩栩如生，慈云岭的后晋造像和烟霞洞的五代造像，更是衣履飘然，刀法圆熟，是五代至宋元时期最杰出的作品之一，六和塔、保俶塔、灵隐寺等建筑和雕塑艺术，使中外人士叹为观止。孤山南麓的文澜阁，是珍藏我国宝贵的图书——《四库全书》的七大书阁之一。

游西湖，必走孤山，孤山有一处最令我心向往之的所在，那就是以金石篆刻著称于世的西泠印社。它所拥有的艺术积累，也是杭州历史文化的一个缩影。

西泠印社的最高处是刻满《金刚经》《华严经》及十八罗汉像的华严经塔。每当我沿着经塔拾级而上到达顶端时，西湖湖山和美丽的杭州城便豁然在目，览景会心，一种高朗其怀、旷达其意的真趣，融合着凝重的历史感和强大的美感，便会久久地激荡着我的心……

杭州因西湖而名扬天下，但杭州又不仅仅只有西湖，环湖三面，宝石山、玉皇山、南北高峰……一列的青山环抱，与西湖相映。若不是有这青山妩媚，西湖便只是一汪寻常水面，又哪来这湖光山色两相宜？

每每见到湖畔青山俏立，我总有一种痴心念想：恨不得自己便是这青山一座，与此湖长相依伴，纵到了地老天荒，也再不动一丝分毫！

送你一座"昆仑山"

西行归来上车前，我给家里发电报，末尾特地注上：请来两人接。

儿子和女儿都手舞足蹈："妈妈是从敦煌回来的，一定带回来好多好多哈密瓜。"

接站的同志刚提下纸箱子就满头大汗了："亏你这劲头，你想回来当水果店老板还是怎么的？"

我只能赔笑，否则，他们要是一"怒"而将它"晾"在站台上，我又上哪里去请赫克利斯来帮忙呢？

到家后一解绳子，"秘密"全揭了：纸箱里装着的，是一块块奇形怪状的石头。

在大家失望而又惊异的啧啧声中，我却忍不住得意：我带回的这些石头，可比哈密瓜贵重多了，要知道，它是整整一座"昆仑山"哪！

这次西行青藏线，我有许许多多的收获，这座"山"便是高原给我的馈赠之一。

我是个"石头迷"，虽然我对石头谈不上有什么研究和珍藏，更远非画坛耆宿米芾，能由此研磨启发，创造出一件件精湛的艺术品。但我对石头的喜好，是自小就有了的，是故乡的山水牵动起来的爱癖。

故乡多山也多水，蜿蜒的山溪中，常见各种各样的鹅卵石，铺在水底五彩斑斓；与女伴们溪畔捣衣时，我总凝睛注目，百看不厌，打水漂玩儿时，那玲珑光洁的石子儿，伸手可捡一大堆。那时的喜爱，纯粹是童稚的游戏，随便又随意。

这些年，我天南地北地走了几处地方，很惊异于祖国的山山水水，不似江南，胜似江南。眼界渐渐扩大了，心头贮纳的爱，也渐渐深厚了。因了种种不能忘却的纪念，我总要带回该地的几颗石子儿，即便是峻峭的山岩，也设法"敲"下一片。

于是，我案头、书架的小盘子里，有了各种各样的小石头，它们来自浙东的河滩、青岛的海滨、峨眉山、大宁河、洱海岸边、瑞丽江畔，最难得的是，还有几块在五大连池找的火山石。

我渐渐从一般的喜好变成了酷爱，变成了醉心地搜集。工作之余赏看时，总觉得那些陈在书架上、浸在小盘子里的石子儿，都"活"了起来，它们以多姿多彩的形态，在低咏浅唱，吟诵着一首首令我情思飞动的诗篇。

此去青藏线，我原先只想到会路过一片荒凉而枯燥的沙漠，会看到一座座单调而冷峻的雪山。谁知道，就是这雪山沙漠却埋藏着许许多多的"奇迹"，遍布在格尔木一带的怪石，就是这奇迹之一。

一到格尔木，我便被兵站指挥所院中所堆的一座"假山"惊呆了，这山好奇崛！说它是假的，它分明是一座真山，它不像苏州园林那些精巧的假山一样，有太多人工斧凿的痕迹。它峭拔、巍峨，完全是雅拉达泽、唐古拉和昆仑山的"雏形"；说它"真"，它实在又是一块块怪石堆砌的，哦，怪就怪在这些石头一块块都是"天生丽质"，奇妙无比，且能独立成"形"，很像各种各样的动物，有的似出林虎、入江龙，有的像腾飞的苍鹰、跳涧的老虎，有的像仰天长啸的猛狮，有的却似雍容闲步的企鹅……总而言之，你看着是什么就像什么，真是千姿百态，极呈天趣。

我又在一堆堆的乱石块前怔住了：这些被弃置一边的石头，是主人砌"山"用剩的，就是这堆"废"物里头，也有许许多多形状奇美的"珍品"哪！

战士们看我兴致勃勃地捡拾，一齐笑我的"痴"："你要这些剩余物资干吗？好石头有的是，回头带你去转转，我们送你一座‘昆仑山’！"

好大的口气！但不久，我就服了：绵延几千里的青藏线上，在各个兵站的大院，果然处处都有这样一座奇巧的"山"，原来在柴达木盆地四周的高山大漠中，遍地都有这样的"宝贝"。果然不久，我也如愿了：西行千里的青藏线，我听到了许许多多令我敬叹不已的故事；我听说青藏线最早的开拓者——慕生忠将军带领的一支骆驼队，怎样走了七个月又四天，才勘踏出这条世界上最高的穿通高原的路线，要知道，在这之前，许许多多的荒山、沙包，没有绿色，没有人烟，连鸟兽的粪迹都没有；我还听说了，在一九五六年，我们总后部队的汽车兵，怎样被特大暴风雪围困在唐古拉整整二十五个昼夜，要知道那是零下四十七度断粮断炊的二十五个昼夜，大家靠烧喝雪水充饥，人人口鼻下，挂着几寸长的冰凌柱，而唐古拉山头的氧气含量，稀薄到只有平原地区的一半……我还听说了：高原风暴雪虐，车流被堵是家常便饭，那儿的风速，通常都是四十米每秒，围墙、树，一夜之间就被摧毁不见；就在这样艰苦卓绝的条件下，我们的高原汽车兵，年年复年年，以绕地球十多圈的路程，把几十万吨物资，源源运送到西藏……

行行重行行，来从千山万山里，归向千山万山去。一路上，我听说的、看到的，还有许多许多……

战士们是说话算话的，临别前，他们果然给我装上了这一箱由各处捡拾的大石头，真沉呵！

我汗涔涔，也喜盈盈，我知道：这是非同寻常的礼物，这里头不单单有山的分量！

我的书架上，果真又立起了一座"昆仑山"，它是这样壮美，不能不叫我原先捡拾的那些小石子儿黯然失色。这"山"的姿颜是这样冷峻，风骨是这样嶒峻，威势是这样峭拔，呵，它给了我这样多难以言喻的力的启示和美的享受……

秋行浙南

　　一辆吱吱嘎嘎的破客车，一艘颠颠簸簸的小轮船，既有山道堵车的险情，又有逆水晕船的苦况，能适应这种日夜兼程、车船交替的行程，是我一向为之自豪的采访形式，此次独行浙南，我又一次体味了这种不需要安排自在来去的独有魅力。

　　自开"南风窗"以来，中国有两个城市常挂人们嘴边，一是深圳，一是温州。

　　我是深圳的匆匆过客。两年前，曾在秀美如画的麒麟山脚西丽湖畔流连了二十余天，对这个巍然崛起的新城，虽有五花八门的印象，却无说东道西的资格。至今，唯有美好的祝愿常留心间。

　　但对温州，就不然了。

　　我的故乡玉环县①，一度归属温州地区，从"放大"了的范围讲我们都可算是温州人，而且，玉环人约有四分之一通讲乐清——温州话，我的出生地楚门镇，更和温州一水相连，坐一夜篷船足可到达，在未识得偌大世界前，温州是楚门人最为向往、在心理上也最为贴近的大都会。

　　我最早识得温州，是在四十二年前。在温州一中上学的哥哥带回来一只粉红嫩绿的大苹果，这只在当时故乡极为罕见的佳果，被母亲切成四瓣，由我们四个兄妹分享，我极仔细地一小口一小口嚼

――――――――――
① 今玉环市。

吃所得的一瓣。从此，一想温州，便涌上一股脆甜的滋味和粉红嫩绿的记忆。

想归想，忆归忆，一晃三十年，我却少有机会到温州。一九七三年年底，我到故乡探亲回归工作地河南时，因坐轮船便宜，且可容得携女抱子，遂决定从水路走，先从故乡坐小轮船到温州。

小轮船毕竟比过去的篷船快当得多，五个钟头倏忽过去，黄昏将临时，便听见船上船下一片欢呼："到了，到了！"

我顾不得细看船头景致，只在上岸的一刻，才见这潺潺而流的瓯江及矗立着的江心寺。瓯江水既不蓝也不黄，灰灰的透着些微白。它到底是海是江？心中也恍惚，唯觉暮色中的江心寺，在江中矗得十分显眼，那时没见过大世面，便觉得很有几分巍然，随即又想起了关于它的一首小诗：

乱流趋正绝，孤屿媚中川，
云日相辉映，空水共澄鲜。

这是谁题的，我无闲心考究；到底怎样的绝与媚，更无余暇赏玩。作为只住一夜便要转道上海的过客，我对温州如何模样，依然难说究竟。粉红嫩绿的感觉，自然是没有了，所多印象的，便是岸边那些灰色的房子和那江同样灰灰的而透着些微白的水。

此后，便又绝了踪迹，不过，心里却像记挂一位故友一样，常常想起温州。

如今，伴随着桥头的"纽扣市场"、柳市的"电器王国"、龙港的"新兴农民城"的接连崛起，温州周围的大小市镇也一一放出耀眼的光芒，一时间，这个浙江最南端的小城开始日益热闹起来，难以计数的参观团访问团，使全市的宾馆、饭店、小客栈，个个爆满，特别是一批批中央领导同志和著名的经济学家相继光临温州视察以后，温州在中国最有影响的大报中出现了最高的"频率"；有关温州的报告文学，真是可以车载斗量，"温州模式"，作为改革大潮中毋庸置疑的定论式口号，传播得最迅速、最响亮……

频传的新闻快讯，让我惊喜交加，不愿赶浪头凑热潮的秉性，却又叫我把重访温州的计划，一而再再而三地拖延下去，就像上街不愿去挤最繁华的马路一样，我只想等这股狂热的人流稍稍"疏散"开后，再独行慢走。

我还觉得，诸多报道多是描绘温州经济战线的群英谱，却好像少有篇章涉及温州如今的文化现象和文化动态，也许因为职业和名字都和"文"沾了边，所以就鬼使神差地分外关注这带了"文"字的"文化"。

哦，文化，文化，写着写着连我自己都迷惘了：何谓文化？

这话问得有点笨。

辞书上有关"文化"一词的解释有一百出头的字，倘若抄录在此，恐怕也还是笨。

据说，前一阵在讨论各地兴起的"文化热"时，文化界有位知名人士曾这样戏答过：何谓文化？简言以蔽之：就是吃喝拉撒睡，还有其他……

好极了，岂止是"简言"？简直是俏语妙语！

我马上就悟出来：原来，我最想了解温州的，就是人们平常的吃喝拉撒睡，我最想知道的，还有这无限无尽的"其他"……

去温州，经乐清，走雁荡，绝不算远兜远转。

柳市就在乐清—温州的中间，雁荡就在乐清县境。二十八年前，我去过雁荡，对它峭岩险石、穿崖巨谷的印象，记忆颇深，雁荡山脚芙蓉镇一条条白玉似的溪水和灵峰观音洞口的一线天，都曾在我的梦境中闪烁过无数光波。雁荡是浙南的海上名山，古往今来的文人墨客，早溯南北朝永嘉太守谢灵运，南宋廷对第一状元王十朋，晚至近代的康有为、蔡元培，直到现代的郭沫若、邓拓，都为这个"寰中绝胜"咏过无数诗篇，近年掀起旅游热，雁荡更是行旅频繁，就连我们玉环等地，家中凡来远客，也都把邀约去雁荡一游，当作待客的"压轴戏"。

去温州能绕一绕山奇水秀的雁荡，领略领略悬崖叠嶂、飞瀑流泉的美景，岂不也是一桩称心快意事？

谁知一出门，便碰上了"肠梗阻"。

坐的是夜行车，行至新昌县境的"回字岭"时，便被前前后后数不清的大小货车堵了个严严实实。

天黑山峻，这儿是悬崖险谷，谁也不敢乱动弹，唯有零乱的车灯，照出满车的烦躁，习以为常的司机，索性伏在方向盘上安然入睡，无可奈何的旅客，便忍不住怨声连连，如今无论何时何地，怨言和牢骚最有传染性，一声出口，满车接应，全都有牢骚火气，全都是委屈不平，从行路难开说，说到车子、房子、菜篮子，直说到原来不值一提的火柴、肥皂、洗衣粉，每一种物品的供应和价格状况，都可以叫人愤愤不已。说归说，愤归愤，谁也治不了眼前这最为迫切的"肠梗阻"，不过一说话，倒可以消减被困的烦闷，整整苦等三个钟头后，车子总算松动。

眼睁睁熬了一夜，黎明时正要昏昏欲睡，忽听一声："到了，到了！"

揉着僵直的腿下了车，天，这就是雁荡？

哦，哪有当年的水？只见一条干涸多目的溪滩弯弯横陈，大大小小的鹅卵石，都像晒久的盐块煞白煞白。我呆了，操着一口本地话欲问究竟，一位六十多岁的老倌子颇为疑惑地盯着我说："亏你还是本地人，怎不晓得不下雨就无水的道理？这溪水，要下大雨才有呢！"

哦，要下大雨才有，那么，原来的水呢？原来那一溪清澈见底、如珠如玉的碧水呢？

哦，哪像当年的雁荡？雁荡素来清寂空旷，无街无路，三两村舍傍山脚，野草铺径到门前。可如今，街是街，路是路，像样的街路上，很有几家像样的百货店，毗连的房子，都是新崭崭的砖墙瓦屋不说，且多见拔地三五层的楼房，而那座飞檐翘角花墙曲折的"芙蓉宾馆"，简直就像苏州西园！

哦，哪是当年的人？从前的雁荡，人丁稀落，山民村夫，多靠一块薄地种番薯充饥，间或做石匠抬轿子为生，走个十里八里难碰见几个人。可如今，满街市声满街人，熙熙攘攘热闹得猛，一爿爿为游客而设的工艺品小店、饮食摊鳞次栉比，一辆辆极简易的交通工具三轮车，就像大城市的"招手即上"的车子，噪声震天、来去飞快地在山间公路猛窜！

变化是意料中的，但变得太多了，变得雁荡山已经不像山，而是又一个什么城市的旅游点了。

哦，只有山还是当年的山，永远也不老，永远这样青翠。蓝天明媚，白云如絮。晨光中走进这葱茏的峡谷，一举目便见山的雄姿，一呼吸便闻山中空气的甜香，哦，这才是雁荡山！

但是，没有了水，总让人遗憾！

没有了水，只好先游山，灵峰便是第一景。

灵峰是合掌峰的右峰，左为倚天峰，因两峰并峙，形如合掌，故名合掌峰。我记得峰中的观音洞十分神秘玄险，如今寺门修茸一新，反倒减了几分古朴之趣，进得寺来，墙面即见邓拓题诗：两峰合掌即仙乡，九叠危楼洞里藏，玉液一泓天一线，此中莫问甚炎凉。

此诗为邓拓一九六〇年所作。品其结句，思其平生，不禁感慨万端！莫不是贤士都有先觉，早在六年前邓拓就对自己的厄运有了宁静淡泊的解悟吗？

九叠危楼的观音洞，自然香火鼎盛，进洞的人大都要去求一纸签诗，售签的小和尚神态懒懒，却从明码标价的一角要成三角，假如你得的是"上上签"，他说声"随喜"，你便要自觉地添上五角到一元不等的"喜钱"。有位旅客为之诘问，小和尚鼻子一哼，满脸是不屑的神态："看你衣冠楚楚，还计较这几个小钱？如今三五角算个什么？只怕跌落地上都没人捡！客官，到那边喝口清泉凉凉火燥心吧！"

那位"客官"一听，果然好不尴尬地立即走开，踱到对过的那口泉水池边舀起一勺清泉来一口接一口地喝。那柱从岩顶跌下的水泉也怪，细如银丝，断线珍珠似的叮叮咚咚落将下来，直落到那圈围成的小池中。我跟着走了过去，另用水杯接了一饮，果然清甜沁脾，美若甘霖。

回头再看那位发大话的小和尚，只见他双目微闭似在养神，虽然着的是样式古旧的"和尚服"，那布料却时髦挺括，不是"的确良"，便是"高尔夫"，手腕一闪，晶亮的表带铮然耀眼，哦，二十世纪八十年代的和尚嘛，自然神气！

从大殿下来到第四层，我左寻右觅，执意要找岩壁上那个"一指观音"。这是个妙处，外来人若不经指点，很难发现。

此时从这里往洞外看，洞口宛似一线，故有"一线天"之谓。"一指观音"就在左首的岩壁上，若是站立的位置不对，那么你纵然引颈翘首，也无法得见。我来回移步"校正"了立足点时，却发现这最佳的"立足点"，已被摄影师绳子一揽，圈入了"势力范围"内。

看在老乡分上，摄影师破例让我这个没有请他照相的人，进入绳索圈内。

好一尊从天飞降的观音佛！这佛像从头到脚只有一指大小。盘腿侧坐，栩栩如生，真是天工不可夺，雕都雕不出如此精巧逼真的坐佛，有趣的是，你只要稍稍移动一下观察点，那侧坐的观音，就像遁空而去一般，立刻隐没了，映在眼前的，只有黑乎乎的岩壁。

你能不感佩大自然的造化之功吗？可是，又是谁第一个发现这个造化之功的呢？是久住洞内修炼的老方丈？是给大殿点香烛送斋饭的小和尚？我问遍上下，没人道得出来。

虽然有些奇异山景，但无水终不成雁荡，我一鼓作气便又去了"三折瀑"，心想，总不该大名鼎鼎的"三折瀑"也无水吧？

"下折瀑"果然也仅有虚名，溪石裸露，断水多时。听说"中折瀑"稍好，便立即气喘吁吁爬坡越岭攀登上去，谁知眼前所见的，也不过是一泓半月形的水池，虽有一抹水泉似珠帘飘挂，但太缓太小了，没有一点悬崖飞瀑的豪壮，倒像是本地人为不使游客太扫兴，在山尖上预备了几桶山水缓缓泼洒下来似的，太叫人失望了！黑苍苍的岩壁倒刻凿了不少名家手迹，看着"天下第一胜景"的斗方刻石，想起郭沫若"我爱中折瀑，珠帘掩翠楼"的诗句，总觉得此情此景与之大相径庭。

人又说"上折瀑"更干涸，只得就此收步。

心犹不甘，第二天又上小龙湫。

去小龙湫的山道十分清幽，一程程但见山岩奇巍，雁荡山的雄姿一一展现，一位自告奋勇要当向导的老汉，指着一处又一处的山形说，这是"钟鼓齐鸣"，那是"金蛙叫天"，这这那那共有六十一处景观，细辨之，总觉似像非像，遂体味雁荡山的妙处，似乎就在这"似像非像各人意会"中，所以还是不要向导，不道破为好。

小龙湫也没有了"龙湫"的豪威，只是一挂和"中折瀑"差不多的细帘！

就在许多人失望得脚都迈不动之时，一处又奇又险的"景观"，顿叫人驻足流连，叹为观止。

不知何时兴起了这种绝招，在灵岩寺前的天柱峰和展旗峰间，有两根长系的钢缆，每天都有两位骁勇的山民，在高空给游客做"滑岩"和"飞渡"的飞人表演。

天柱峰高约二百六十六米，立地摩天，浑圆陡峭如柱。从"柱"顶上抛下的那根缆索，真正犹如"天线"，且不说那飞渡健儿如何攀缘下崖，人在地面光仰望一下"柱"顶，头上的遮阳帽就要落下来。

一阵鼓声响过，只见"柱"顶上立起一位红衣人，远远望去，犹如一只红鸟展翅欲飞，只见他随着缆索的一飞一荡，轻如猿猴、敏如松鼠在山壁上一步一丈地下滑，那身姿，那动作，分外矫健。此情此景，立刻使我想起了河南林县当年修筑"红旗渠"的那份豪情和勇敢。

千余游客，屏声静气，生怕漏过了健儿下滑的每一个动作。时光飞逝，秒针不过转了二十圈，那英武的"红鸟"已安然落地，随即，观众的欢呼与掌声，惊天动地地响起……

第二个节目便是在天柱峰与展旗峰之间的"飞渡"。与天柱峰对峙的展旗峰，峰尖似乎隐没在云端，那两根钢缆"天线"，也几乎成划破天幕的细弦，人们一边啧啧惊叹，一边又眼都不眨地盯着第二位"飞人"的出现。

又是一阵鼓响，第二位"飞人"又像一只小猿猴，半躺在细弦似的钢索上，敏捷万分地"飞游"过来。只因太高，这飞人穿的衣裤也难辨颜色，只见他手脚越发矫健，动作越发利索，没消片刻，便"飞"至中段，观众还未来得及爆出欢呼声，那"飞人"先是一个"鹞子翻身"，接着又一个"金钩倒挂"，随即又自点自燃，在半空中噼噼啪啪爆出几颗"天地两响"来！

这鞭炮委实放得好！世间只有如此英武的好汉，才配在此时此地放这"天地两响"！

这位好汉从天柱峰"飞"到展旗峰，百十米"飞程"，不过用了十分钟！

看看这项特殊的"游艺"活动，我觉得雁荡山一切的美中不足，都得到了补偿。

岂不料还有更精彩别致的"节目"在后面。

二十八年前到此，所存的遗憾是未看过大龙湫。人说不管天旱日久，大龙湫总归是有水的，可惜就是路太远，路远怕甚？大不了多爬两道坡！当下就与几位文友搭车到了灵岩村。

车至村前还未落停，只见一群村民指手画脚、前呼后拥地奔了过来，惊疑间刚打开半扇车门，同时伸过来三只大手，一齐搭向了我的胳膊，好几只喉咙一齐争着叫嚷："我的，我的，这是我的！"

我懵了，幸亏懂得本地话，这才明白争先恐后奔来的村民是为了争生意，这才听清他们口中那"我的，我的"，是要拉我们去坐轿！

果然，在村前小路上，一溜儿摆着两排用塑料藤椅装扮成的"软轿"，彩色床单做帷帐，披红飘绿，煞是轻便。

我虽然有脚病，走山路最差劲，但这轿，我能坐吗？别的不说，光是"坐在轿里让别人抬，满身汗珠嗒嗒流"这份心理压力，我就受不了！

"同志，你别惩，从这儿到大龙湫，远着哩！过马鞍岭上坡六里，下坡六里，下坡还要走七八里才能到湫边，你这把年纪，吃得消吗？"几位晒得黝黑的精瘦的妇女，各自攥着我们的胳膊争相劝说，大有不答应便不罢休之势。"你放心，脚力钱一点不贵，价格是政府定的，单趟十二元，来回二十四元，统共二十多里路，你说贵吗？一点不贵，放心坐好了……"

自然不贵，但我绝不会坐！我千辞万谢，同来的文友也一一力拒，大家一齐开路快走。几个村民见劝说无望了，便渐渐散去，另找别人打主意，却仍有几位不肯歇手的，索性抬了轿子，不屈不挠地跟在我们旁边，绵绵软软地继续劝说："我说女同志哪，你是没走过，不知这路有多远、山有多高哪，保准你一走到半岭就走不动的，我们这儿给你预备着，你什么时候累乏了，只管说一声，我们马上抬！"

天哪，这哪行啊！我们越回绝，她们劝得越起劲儿，我们走得越快，她们跟得越欢，说实在的，到后来，我喉咙眼里酸酸的，已经很不是滋味了，幸亏来了解围的——两位打扮入时脚穿高跟鞋的姑娘，在后面娇声唤定了这两乘轿子，抬轿妇这才撇下我们，欢喜不已地迎了上去。

我这才松了一大口气，闪在路边让过轿子。

坐轿的两个姑娘云鬓高挽，裙袂飘然。虽然戴了太阳镜，却遮不住一身娇羞之态；抬轿的村妇欢天喜地，虽然轿一上肩便大汗淋漓，却因揽到了生意而兴高采烈，两脚生风地从我旁边闪过时，还没忘了对我闪出一丝感激的笑意，仿佛那两个女子，是我给"介绍"出来的。

上坡六里，下坡六里，下坡再走七八里，真是累得可以，想想六年前攀越峨眉金顶的豪情勇气，想想刚才的这班抬轿妇女，我才渐渐地生出许多脚力。

看大龙湫委实不易，大龙湫也委实有看头，从连云嶂飞下的这道飞瀑，高约一百九十米，因此，虽然瀑面不甚宽，但罕见的高度，足以使它别具卓越之态，怪不得人说“万丈龙湫水，飞流翠碧开”，但见一阵清风吹过，那飘飘荡荡的飞泉便似雾似烟，真的是“飘洒四时雪，喧闻万壑雷”，气象不俗，蔚为壮观。

小游雁荡三日，一言难尽印象，大概是太累乏，夜来多梦，回回梦见一群村妇，扬着黝黑的笑脸，在飞瀑鸣泉中，轻轻巧巧抬着一顶顶山青水绿的小轿，向我飞奔而来……

离别后，我才觉得仿佛失落了什么，辜负了什么，不记下这篇小文，我将永远亏欠雁荡的厚朴和真诚……

奇哉雁荡山，美哉雁荡人！

一九八八年

乌篷摇梦到春江

四年前，在青海戈壁滩竟日奔波时，被辉煌如火的大沙漠灼花了眼睛的我，曾经大发奇想：假如让富春江泻到这儿来，那该多好！

那时，我并没见过富春江，却千百次地做过有关她的梦，郁达夫"屋住兰江梦亦香"的诗文和叶浅予墨韵淋漓的画卷，早把我对富春江的梦幻濡染得又浓又甜，那绿沉沉的甜梦中，总是悠荡着乡思绵绵的乌篷船。

我终于圆了梦。回归浙江仅两年，我已两次遂了与她相亲的心愿。

一是去岁金秋，一在今年暮春，两次均作陪客，陪文朋艺友遨游；一棹轻波碧水路，兴致格外高昂，只觉得不枉我作悬肠念的富春江，比梦中更俏更娇美。

两次遨游，都是旱路走，水路归。这行程颇使人得其佳妙：因为，当你迂回山间行行复行行不胜引颈张耳之苦时，突然，一条银绸素带在前方闪闪烁烁起来，你兀地眼前一亮，倍觉这碧波粼粼一江水的鲜活可爱；待盼到归程荡舟起桨开始真正的春江游时，这漾波漫流的大水，更令你陶然如醉，神魂飞扬。彼时，你纵有千种愁思万般忧，也将全部消融在这一江碧玉里。

我始想，富春江的俏，恐怕全在于江流的曲折多姿，从她与新安江、兰江的汇合处下行，越见委婉袅娜；行过淹没在水中的乌石滩，行至流急涡回的七里泷，富春江裙裾一闪，又闪出个江中之江葫芦湾。葫芦湾委实别致有趣，湾形毕肖一只毛茸茸嫩生生的青葫芦，壁立湾畔的奇岩崛石，似乎触手可及，掩映在老树青藤中的村居农舍，更添无限野趣。小船悄悄儿荡进湾来，船上人无不惊殊，若再到那流泻百尺飞珠进玉的葫芦瀑下溅一溅，定会溅得你满身惬意。

我还想，富春江的娇，也在于她的色泽，无怪她有"第二漓江"之称。那江水，真是澄于湖海碧于天，活脱脱是天神地母拣尽翡翠绿玉铺就的。行在江上望两岸，只见千嶂染翠，峰峰岭岭尽都浓浓淡淡地绿进去；立在船头看江心，只觉水底天上的云絮，一朵朵一团团，俱是深深浅浅地绿出来，真难说是山染绿了江，还是江浸绿了山，无怪朋友们相视叹曰："喔，一到富春江，眼瞳都是绿的。"

我再想，富春江的美，更在于她无与伦比的静。由于电站的建成，益发使江水浪敛波平，所以，她虽还是千重涧水汇清流，但那汇和流，仿佛都是在水底暗处悄悄儿进行的，几十里水面竟没弄出一丁点儿惊涛骇浪，"临流鼓棹，帆飞若驰"的光景已不复见，那或顺流或逆水的千舟百舸，亦如动画一般悠悠来去，舒坦、自在极了。"鸥鸟亦知人意静，故来相近不相侵。"在哄哄闹闹的现代生活中，烦躁了城市的嚣音后，人们自然格外钟爱富春江这千金难买的幽静。

奇山异水的富春江，钟灵毓秀，风物独绝，而七里泷碑文荟萃的严子陵钓鱼台，尤能偏现她扬古启今的魅力。

我又想，古往今来的人对严子陵如此仰慕，大概并不在乎已成百丈悬崖的钓台当年是否真能垂钓，而是敬崇这位先贤不慕富贵、不媚皇亲的傲世风骨。试想，几请不出山宁作垂钓翁的归隐客，倘使活至今日，恐怕更要与阿谀奉承、趋炎附势、开后门、发横财之类歪风邪道绝缘；而这位敢把脚搁在刘秀肚子上午睡的严老先生和"见了皇帝不磕头"的山东好汉们，又是何等的相通相似！

哦，钓台不仅是一处风景点，更是历史老人垂落在江边的一只巨手，千年百载，以其特殊的膂力，撩拨着人们心头的重重波澜。

丰哉，富春江！乌篷摇梦梦越酣，唯愿年年得相觅。

溯水走黄龙

来到四川，人都说访九寨沟而不游黄龙，就像一轴墨韵淋漓的山水画只看了半卷，一首意境酣畅的古曲只听了半截。

此话不谬。但是，黄龙的景观虽与九寨沟一样名扬天下，黄龙却自有黄龙的别样风光；黄龙绝不是九寨沟的重复或缩影，黄龙完全有自己的独特的个性。

记得从银幕上得窥黄龙的一角景色时，我曾十分惊叹，并不止一次揣想过它美丽的全貌。而今，在有幸得见黄龙的真面目后，我才知过去所看到的，不过是一片"龙鳞"，游览了黄龙，我才算看见了一条欢腾奔突、生气勃勃的"真龙"，一条气势豪放、无与伦比的"巨龙"！

车向川西北行，滔滔岷江跌宕起伏，傍山回环。当我从万山丛中望见汹涌在悬崖峭壁下的江水时，便情不自禁脱口叹道："这哪是岷江？分明是怒江嘛！"一语未了，飞起满车笑声。不怪同伴未解我的心曲，情急意迫，我没能表达明白。我是想说，这江流如此汹涌湍急，只有一个"怒"字来形容才合适。

峭拔的岷山千里绵延，山势如龙，源于岷山头枕雪峰的黄龙，焉得不如巨龙出渊，奔跃欲飞？曾为大禹负舟导江的黄龙，自然要以裹云挟雷的气势飞腾而下，一泻千丈而不可收了。

与许多人迹罕至的胜境一样，世所罕见的岩溶景观黄龙，也是"藏头匿尾"的，它的"头"，卧藏在冰山雪峰中，高耸入云的玉翠峰似一道白玉屏障，拱卫着它；它的"尾"，隐没在山脚莽莽苍苍的丛林中，参天的古木和万千花树像一件翠绣锦衣，披盖着它。看黄龙，只能溯水而行，从"尾"探"头"。溯水走黄龙，使游客的寻踪辨迹，别有情趣。

乍到黄龙入口处，你定会讶然：这窥不到一点"动静"的山寨式小门，算什么名堂？这普普通通的山林幽径，难道真会叫"真龙"毕现吗？

呵，莫要心急，行不多时，矮树草丛间，几股晶亮亮的细水袅袅而来，潺潺流泻。越往前走，便见这水流越发粗，那水色也渐渐呈出蛋清鹅黄，煞是好看。那密密的鲜草青苔，不成遮拦反成陪衬了，待你兀自住脚、四处顾盼时，却见右前方几个碧玉盘似的池子，高低错落，盛着深浅不同的绿水，呵，黄龙的第一景观——迎宾彩池，就像一个娴静的秀女，俏盈盈地映现在你面前。

呵，且莫流连，更迷人的景致还在前方哩！再往前走，那乱铺筑的小路不见了，取而代之的是以粗大的树干铺设的路桥。这路桥，由两棵树干并合而成，中间落满了厚厚的树叶，游人鞋履所带的些许泥土成了充垫物，于是，这就地取材的路桥，不但简便可行，又远比碎石筑的路软和有弹性。这长长的路桥，增添了溯水游黄龙的无数野趣。

路桥时窄时宽，十步九曲，越往前延伸，越显出了黄龙的威势。你看，那涧流早已不是几股几支，而是汪洋一片，乱流齐下，那水声也不是潺潺之音而是轰然作响了。

山越走越幽，生长繁茂的杂树伸出枝丫，亲昵地撩挽你的衣裙，路面也不时漫出一汪汪清水，濡湿你的鞋尖。但此时你却益发不由自主，步履愈健，景不催人人自催。不是吗，一片凉凉的雨珠，像筛下的水雾，扑面而来了，呵，瀑布！洗身洞瀑布恰如一匹匹银绸素练，纷披倒挂，珠迸玉溅。如帘的水瀑，已把洞口遮得严严实实，名曰"洗身"，想来必有哪位神仙在此浴过真身，可眼下，却没有一个勇士敢去尝试，那像冰针雪粒的水花，实在太凉了。

一过洗身洞，黄龙最壮阔的景观便蓦然在目，哦，好一片水飞浪翻的金沙滩！

看这回奔倒涌的水势！听这轰震山谷的水声！再沉着的人到此，也不由不惊叹叫绝！

真不愧叫作"金沙铺地"！真不愧叫作"金瀑泻银"！这景名既是浪漫的，也是写实的。这儿是地地道道的"龙腰"，这是黄龙最真切毕现的"龙身"：一片片扁平的乳黄色的碳酸钙质石，极有层次地遍布在这长约七里、宽约数十米的滩地，那鳞次栉比的形状，比人工斧凿的"龙鳞"还要逼真。在目光下，奔突而来的激流，澄黄泛金，那颜色比任何人为的描画涂抹都要灿烂辉煌。现在，这条叫人望而不见首尾的"蛟龙"，仿佛正在尽情地嬉戏翻腾，一片片"龙鳞"间，喷涌着无数的银花雪浪；那不停歇的腾跃和声如雷鸣的咆哮，震山撼谷，势壮无比！

目睹了这一壮景，真叫人觉得如经历了一番暴风骤雨的洗礼，哦，游赏黄龙，原来不单使人兴趣盎然，还能叫人意绪昂奋。

再雄壮的交响乐也有和风细雨的乐章。行过"金沙铺地"，那静幽幽如明镜照影的盆景池，又如群芳竞秀，一一呈现在眼前。

哦，再聪明的能工巧匠，也难以造就这样壮观的"盆景"！且不说那花树的姹紫嫣红，不说那虬枝枯干的千姿百态，光那一个个"池盘”的硕大面积，光那一池池碧水的澄明清澈，光那一座座池景的灵鲜生动，都是凡人无法造就的，大自然这位大师，委实是人间的任何高手也难以比肩。

玉液环山，洞流铿然，接连盆景池的又是一串串漂亮已极的彩池，而“争艳彩池”尤为出类拔萃。那层层叠叠相互毗连的“碧玉盘”，有的荡金漾绿，有的泼墨濡黄，有的乳蓝透白，有的紫中泛青，如无数碧玉玛瑙随意铺陈，似成堆翡翠象牙就手镶嵌，橄榄绿、孔雀蓝、柠檬黄、朱砂紫……那乳黄色的“池盘”则如练如环，盘笼得这一股股“龙涎”，流者喷雪，停者毓黛，闪烁生辉的彩池，简直叫人眼花缭乱、目不暇接。像是为了再增一番野趣，助兴的天公又下起了纤纤细雨，那小雨时飘时停，如绵如丝，只稍稍润湿游人衣衫，更濡甜了山中空气。缓行至此，虽然珠汗涔涔，兴致却越发高涨，待你在明晦交替中，又转了几处曲弯时，顿觉标目甚宽——与迎仙桥遥相呼应的接仙桥，又赫然在目了。

十五里溯水游黄龙，攀山越涧，升降宛转，如在乱云叠浪之中；且行且停，日色渐暮，而“玉翠彩池”“映月彩池”“石塔镇海”还远在前方。此时，泉轰风动，游伴渐稀，再要往前走，就不是赏玩，而是对意志和毅力的考验了。

上！一气儿奔了二三里。

雄伟的黄龙终于给了我如下的犒赏：仅仅淹留了终端的“黄龙洞”，而把银光耀眼的“玉翠雪顶”推在我的眼前。

剩下那充满神奇色彩的黄龙洞，我戛然止步，因为，我听说那天然的岩溶景观，更是非同凡俗，所以，我故意保留着这引人入胜的悬念，为的是留下深深的眷恋。

树的情思

走过了山山水水，看多了花花树树，如今，我的内心深处，也蓬勃着一棵棵生机盎然的树。

这些树，枝繁叶茂，苍郁葳蕤，挺拔的树干如伟岸的身躯，虬曲的枝丫似腾跃的苍龙，嫩生生的叶片织缀如网，每一片叶面上都晶莹着一颗露珠，每一颗露珠都闪烁着我的一个梦。

我曾游览过大理、瑞丽、深圳和三亚，那火红的凤凰树、青青的荔枝树还有耸入云天的椰子树，早已在我脑海里生根，时不时还会有阵阵带着亚热带气息的海风拂掠心头；我也到过西域，在浩瀚的沙海，我被那深埋地下的白刺木所震撼，于是，它那显示顽强生命力的黄白色小花的虬根，更牢牢扎在我的心底；在中原，尽管是平原一片，但仍有各种品类的大树牵引我的目光，尤其是生长最为普通的杨树、榆树、槐树和泡桐。一到四月，那带刺的槐树首先飘起甜浓的气息。如果在农村，人们就会摘下那一嘟噜一嘟噜洁白的槐花，摘下那坚硬榆树上的略略泛黄的榆钱，尽情地享受大自然的赐予。久久地，一到阳春，我心里就摇漾起榆槐的倩影，鼻尖上缭绕着崛立在盐碱地上的泡桐树的花香……

曾记得那年去泰山，攀上南天门登极顶，铮铮硬骨傲然昂立的泰山青松，令我油然生敬，于是"大雪压青松，青松挺且直"的诗篇就在耳畔铿锵作响；去黄山、峨眉山游历也一样，株株姿态各异、神韵独具的松树是最美丽的风景，松涛阵阵起时，简直就是一曲动人心弦的交响乐。

呵，还有，还有遍植江南的"未曾出土便有节，纵使凌云仍虚心"的竹子；呵，还有，还有我们杭州的市树桂花和香樟，论姿形，论香溢四野的恣肆，论四季不凋的品性，它们足可荣获"树中之星"的佳称；呵，还有，还有遇寒香愈烈最喜漫天雪的梅树，一到冬天，灵峰探梅是杭州最引人入胜的去处；而有着吴昌硕纪念碑的香雪海，更叫我一到此处，就把对这位西泠印社创始人的敬意与眼前香梅如雪的情景并融浮想联翩……

树是大自然最动人的道道风景，不胜枚举的名花奇树，在我心里细铺密排，组成了刚柔相济、清气爽人的美的诗苑。

怪不得我在去访友人或做客异地时，只要对方的住地或宅院有树，只要对方虽然没有条件拥有自己的树，但他却是个爱树爱谈论树的人，我也便毫无例外地引以为"树知己"。

怪不得我对曾经出访的几个国家拥有共同的好感，不是别的，首先是因为他们的重视绿化，重视和珍爱遍布每道山峦、每处乡村、每个城市的树。

怪不得我在我们省作协几经周折最近终于搬家至南山路105号后，喜事冲心竟几夜难以入眠，人问我为何乐成这般模样，我眯着园里那满眼的草木葱茏，觉得所有的答案都在园子里，都在那浓浓淡淡成一团绿云雾的树冠上头。

难道是心生幻觉？我心中的树的含义，也渐生异变，愈来愈庞杂，愈来愈奇特，那片叶子，竟散发出醇醇的墨香，细辨认，再思量，这些树竟不仅仅是树，而是书，浩如重洋的书，那微雕镌刻的古曲诗词与世界名著：托尔斯泰、巴尔扎克、李白、杜甫等的佳作。这些肥腴的叶片所渗出的珠露，涓涓滋润着萌发在它下方的片片嫩叶，其中当然也有属于我们的叶子，不管是成熟还是不成熟的，就像那一条条鹅黄再现的柳絮，就像那一片片嫩中泛青的碧叶……于是，好似被大自然的力量指引，我认定了：文学，就像树一样生生不息；文学，就是我们生命的常青树。

关于树的话题无穷，对于树的情思也就无尽。年届半百，体力已不许我再天南地北地去寻觅奇花异树；条件所限，我也不可能拥有自己所钟爱的无数的树。但是，我仍可以不倦地耕耘、细心地浇灌修剪已经存在的苗圃叶苑，我只希望心中的树碧叶青，永远蓬勃。

花的絮语

眼下，关于国花的选择成了热门话题，一说到花，我也同样来劲。

我爱花，花是灿烂的生命，或者说，花使生命有了色彩，有了馨香。

大自然的花，组成了一个五光十色的亮丽世界。花和树一样，品类繁多，堪称大自然之最，光是那名字，就够你梦思遐想陶然如醉的：茉莉、金桂、雪莲、墨菊、荷花、牡丹、绣球、芍药……那姹紫嫣红的色彩，更使人眼花缭乱。

我对花的爱，也经历了一番由淡到浓、由浓返淡的过程。

年轻时爱花，是光看不养。不是不想，而是没有时间、没有财力和精力。

记得第一次兴致勃勃去看牡丹是在大地回春以后。"一朝宠爱归牡丹，千花相笑妖娆难"，正是洛阳首先举办了"牡丹花会"。花会期间不光是王城公园姚黄魏紫分外闹猛，整个洛阳城都被洋洋春光所融化，如蜂如蝶的人流，熙熙攘攘，那倾城空巷观赏的盛况，真可谓人看花、花看人，人还未睹花容，那春光春色先就在心头流淌。

真正的美是无须包装的，我爱花，正是它们在大自然中千娇百妍无拘无束的形态。试想想，如果将花之王的牡丹一株株皆套上金饰玻璃框架，置于高雅华丽的大厅售票展览，那该怎样的煞风景哟！

我爱花，还爱它们四时八节灿烂绽放的热烈。但你若真正爱花养花，必须还要有一份小心翼翼的惜护，一伺候不好，"它便死给你看！"——大姐有次道出的这一警句，几成谶语，那次我出门的时间长了一些，几年育养的花，几乎全军覆没。当时，虽不似"潇湘馆主"有葬花的情怀，也着实心疼得发呆。此后，我便选了一些不容易死的花草来暂解"花渴"。阳台上，大盆小盆，灿烂一片的太阳花，花开季节只要晴天，它会早早地迎着朝霞开放，若逢彤云密布，对不起，它也不理会老天爷阴沉沉的脸色，硬是萎谢了也不展现一丝笑容！别看是小小的花儿，倒有自己的不卑品格。

我在阳台上种得更多的是仙人类植物。这更是卓有特色的花：平常日子，大都默默凝聚一团绿云，真待开花，就开你个惊心动魄！仙人锤，会在傍晚冷不丁地架起几柄淡紫色的喇叭，天不亮，又早早收拢，连起床号也不吹，似在表明她根本无意为自己张扬；而仙人掌呢，即便是酷热，也所需有限，待要绽放，则总是稳笃笃在刺丛里张开鹅黄油亮的长把小伞，那透明如蜡的形色，叫你一下子就想到什么叫全心全意做奉献。

因了对仙人类植物的赏心，从此我更爱纯绿色植物，那即令雪封三尺也不凋零的花（实际更应称作草），那不畏春残、不怕秋寒的文竹、吊兰；那年年相依悠悠漫长的藤萝、石莲、棕榈树……它们那或厚实或浓绿或青白的叶片，构成了一片最纯朴的图案，无言而又娓娓地向我讲述美的真谛：美，就是不靠俏丽迷人，不靠妖冶媚俗；美，就是恬淡自然，无华纯朴；美，就是以生命的绿色汁液汩汩流淌；美，就是倔强而不息的奉献精神。

美名在外的杭州，近年最令人欣喜的是人们对美的观念的转变，爱花、惜花渐成共识，花店三步一处，密布湖畔。与此相应，喜庆送花，也成最令人爱悦的时尚。元旦春节期间，因为多了几捧象征友情亲情的花束，使我对美的理念，又多了一番思悟，对生活的爱心，仿佛又分外浓酽。

我愿朴实无华的春光与我长伴，我愿常能借得花花草草的清光羽仪，让笔下永远热烈流淌生命的汁液，再现沉实的生活本仁。

湖之籁

一到海盐，我便对南北湖产生了兴趣，缘由不是别的，这湖名的"南北"二字，生生地就勾起我的好奇来——海内海外，东湖西湖的听得多了，且看看这南北湖是怎地光景？

想归想，却不由得要自嘲一番。不是吗，与西湖为邻多年，耳濡湖声，目染水波，湖姿水态早就熟稔得不能再熟。纵有"天下西湖三十六"，看过来看过去，湖总归是湖，水毕竟是水，再有什么这湖那湖的，那光景还能好过她吗？想归想，那脚步却在这一层层揣测中紧促起来。

想象中的南北湖，总归是一片坦坦荡荡烟波浩渺的水，一片碧绿明净涟漪粼粼的水吧！

眼前的湖，确是心头想，却又远远超出了心头想。

虽然从走近到离去也只是匆匆一瞥，但它多处的意外之景，却让我时时呼吸静屏、目光凝结，我断断没想到南北湖原来是这样一片可令人回味、令人把玩的湖，是这样一个文静雅致既有闭月羞花之貌又有沉鱼落雁之容的湖！

哦，比喻终究是不到位的。真正叫人动心的事物总难有贴切的话语形容。那么，它倒是有哪些地方动我心怀呢？是别的境地少有的幽美和清静？是游湖时恰恰有那一袭细若轻纱不绝如缕的雨雾？

　　造化对它委实钟爱有加：这不大不小的湖，坐落在绿拥翠叠的群山膝下、汪洋千顷的大海之滨——而且是钱江潮的潮头；你这边厢看见海，那边厢就望见了湖，因而它破例得了双样的"地利"——既有海的辽阔壮其气势，又有山的安宁添其清幽。特别是它那融西湖白堤、苏堤之妙为一体的鲍堤，不长不短地横贯湖的东西；堤上，自然是桃花朵朵，柳丝依依；伫立其间的香樟，错错落落的疏朗而精神，苍苍郁郁，蔚然送爽，为这条堤也为那两边的湖平添了一袭华贵的羽衣翠裳！

　　似有若无的微风细雨中，一只只画眉黄鹂在春柳枝头尽情鸣啭，若是秋至呢？这一湖浩浩碧水，肯定又是野鸭、白鹭歇脚的好所在。

　　静极了的湖上，天地间仿佛没有别的声响，那蛛线般的雨丝，是无声无息滑入湖中的；西湖那大船小舟上的游客蜂拥的闹热，此处是没有的。但你尽可不必担心上不了湖，瞧，这一径长长的板桥，用一条条无油无漆的原木扎成，自有天然韵味，就像壮实的山里小伙，扎着黑黝黝的肩膀立在水中，你只消放心大胆地款款走上来，慢行快走悉听尊便，那踏波徐行的飘逸、那细浪轻叩的丝竹之音，都在这湖里水中叫你全然体味了！

　　踏上了湖中的洲头，其间又是另一番光景：一个小巧得不盈一握的洲中之湖，植着荷，养着鱼，湖的周围，花木扶疏，杜鹃如焰，不待驻足，那一丛丛滚着荷露、滴着水珠的草叶，轻弹叮咚，那一群摇头摆尾的红鳍金鳞，早已泼剌剌地奏出了它们的"渔光曲"……

　　因了这雨中的幽静，因了这静幽的雨丝，连那闲闲散散地筑在四处的茅亭长廊，在我眼中，也成了这白鹭洲头风箫笙歌的所在，那不紧不慢敲打在茅顶屋脊的雨滴，一点一点，一滴一滴，全是世间难得的天籁。

伫立在这静极了的洲头，不舍离去的我终于悟出来：就如人们餍足了过多的美餐反而喜欢素食一样，正因为西湖华贵的盛装和过分的闹热，才反衬了海盐南北湖那淡装天然样的佳妙。故而，那岸边山下的白墙黑瓦、竹篱茅舍；那相邻相挨的水田连陌，禾稻摇曳，都成了一支不可多得的田园交响曲，它那未曾刻意打扮的几分荒疏、那排除了尘世喧嚣的幽静，更添加了妩媚动人的野趣。毋庸讳言，在当今，"野趣"二字是最得旅人之心的身价！

于是，"拂曙烟云苍压水，过珍桑柘绿弥山"也好，"无数眠鸥伴柔橹，林端僧梵杂溪声"也好，一切赞美此间风水的诗词全被我恍恍惚惚地忘却，留在心中的，只有那一份唯有当时感受的山光水色，只有当时听到了骨子里的那份恬淡和幽静。

哦，不，当然不会忘却全部，那一句"南宋水墨山水的范本"是断断不会忘的，因为这句话，叫我记住了南北湖的精魂所在，叫我永远念想着唯它才有的野趣，念想着不可多得的湖之篇。

十万斛活泉洗出来

说不清有多少回，将凝在笔尖上的丝丝思绪，复又收起。

总期待一种特殊的时刻，总觉得要写她，就须在风清月白的夜晚，须在情绪非常宁静、心地非常清纯的时辰。

因为，她不是别人，因为，她是冰心。

可今天，哪里是这境地？今天，狡猾的风逃得没有影踪，骄横天际的只有太阳。于是，但凡能不动弹的，都悄没声儿地缩在了阴凉儿角；于是，窗前这几盆一直被我殷勤侍候的吊兰，也都得着了负心机会，别转了头，扭过去腰，生生做出了不胜娇懒的情状。这边呢，铺开纸还没开写，肘下就蜿蜒出两条小小的溪流。

可今天，我却认定了，这篇久已起意而不可抑止的文字，非写不可了。

因为，再过整整三个月，就是农历八月初十，就是冰心的九十一岁华诞，是她向"百岁寿星"迈进的起始，作为一直想敬送她一盆花而又一直未能尽意的晚辈，我愿将串串热汗化为露滴，连同这束粗粗扎就的"心花"，献上一份衷心的祝福。

其次，因为刚才，刚刚到了第三期《小说界》，这本注有创刊十周年字样的封面上，端然印着冰心怀抱小猫的照片。

我太喜欢这张照片了。

好照片无疑是心灵的底版，最能传神。

我立刻记起来：去年的此时，我曾为《文汇》刊登过的另一张“作家生活照”，大大激动了一番，那是白发如雪的柯灵——照片中，朝晖喷霞、桐叶如金，抱膝而坐的柯灵，以洞穿历史的眼神，沉思着他所解读的人生……

冰心的这张照片，简直异曲同工。

照片中，她怡然神闲地端坐沙发，依然一副极为我们熟悉的又慈爱又睿智的微微笑容，在她怀中的爱猫，很别致地略略昂首半闭眼，充分得意着它所享受的温馨。

真是丰神特具的天伦图！

我想起来，这只宝贝小猫，是她和女儿吴青曾很幽默地向我们介绍过的：“是个最爱出风头的照相明星。”

我自然也认出来：这张照片摄于一九八六年，她自家的客厅。

并非我眼锐，只因印有这张照片的那本书——《关于男人》。两年前，我曾与宗璞大姐一道得其馈赠。自然，这本书和书中的照片，以及这本书的老早的姊妹篇《关于女人》，都是曾叫我心澜迭起百读不厌的书。

也许所用纸张之故，《关于男人》印的是黑白照，不如《小说界》重印的这张照片清晰而色彩分明。于是，我又久久地凝视，再次把这张照片看了个仔仔细细。

我认出来那张皮沙发的色泽——那是二十世纪七十年代末流行的深棕杂黑的仿皮革，沙发一角的那只靠枕，也是极普通、极朴素的烟色小方格布面。再是老人家的衣着，那是件灰色隐格钉着琵琶布纽的对襟罩衫，很家常地挽起寸许的袖口，露出一线线天蓝衬衫和黑色的毛衣。自然，我凝视最久的，是她的脸容：哦，老寿星们常有的寿斑，已稀稀地见于她的手背和脸面，再还有，还有这一直整整齐齐梳拢耳后的头发，哦，这在一九七八年我初次得见时，尚是乌色见多的头发，一年比一年地渐渐花白，银白了呵……

我凝视着，想象着，我想象着照这张相时，她的头发是否在脑后绾成了一个髻？一个缕缕如蚕丝的银白的髻？……

也许，她并没有绾过髻。但不知为什么，我却固执着这一想象。

我向来说不清自己许多莫名其妙的想象，但我却清楚记得不久前参加某地的一个丝绸文化节。在与当地文联的一班青年作家谈心时，我想起了多年前写过的一篇小说，题名叫作《茧》。小说最后写到儿子望着母亲脑后的发髻，觉得"像是一个卧着的雪白的茧"。话题被我不无激动地引申开来，我说人生其实就是一个吐丝作茧的过程，作家更是如此。作家毕生的劳动就像一条蚕，是全然自觉而自然的奉献，直到生命的丝尽，但他以生命为代价的吐哺，将绵延着一代又一代……

我们所尊敬所热爱的冰心，以及许许多多和冰心一样的前辈，早早就为我们吐织了这样的茧。

此刻，关于茧和丝的话题，再次勾起我缕缕思绪。

我无法不想起二十年前，一个河南省籍的学生，当时是北京科影的美工，从湖北咸宁的干校归来时，向我们说起了那儿的生活："那儿是天天下雨，天天出工，别说干的活有多累，光天天来回走那条又长又滑的泥浆路，连我这棒小伙子都有点挺不住，可我们的队伍里头就有冰心，都快七十的人哪，好几回我偷偷瞅她，可从不见她苦过脸眉，没想到老太太这么钢！……"

十三年前的冬末，在北京举行的儿童文学创作学习会，愈至最后，心潮愈高。在多位作家做过辅导、报告后，神通广大的会议主持者，又让我们拜会了茅盾、张天翼，最后的“压轴”节目，竟是请来冰心到会上讲话并和大家合影。

我永远忘不了她的出场和开场白——

会议室很小很拥挤，到会者又都太兴奋，因此，她进来时，“哗”的一声，后几排的男同胞们，都情不自禁地站了起来。

主持人请冰心坐下说话，她摇摇头，笑了：“我这个人起点不高，所以我要站着讲……”

又是“哗”的一声，不过，那是立即轰响的掌声和笑声……

她果然就这样一直站着讲，直到讲完。

照相时，鼓动着主持人的“偏心”，除了全体照外，我们十几位女同胞，又围拢着冰心，加照了一张喜笑颜开的“女儿国”合影。亲亲近近挨着她坐的我，从此牢牢刻下了她的音容笑貌，也牢记了她那天所穿的是大襟便衣和一双蚌壳棉鞋。哦，母亲的衣饰，母亲的仪态，这就是冰心，这就是我们的老前辈冰心啊！

于是，第二年，全国第四次文代会再见她时，我竟忘了开始是在什么场合、什么地点了，只记得她出现时，总是如拂清风似的悄然而家常，总是睿智幽默语出如珠；只记得那日凑巧茹志鹃、刘真、张洁和我，簇拥着她步出会议大厅的台阶时，敏捷的新华社女记者王子瑾抢拍了一个镜头；只记得那次在小会议室休息时，主持会议的李季同志曾很风趣地叫她“佘太君”，还说：“哎，可惜丁玲今天没来，否则你们女作家，可算‘五代同堂’啊！……”两年后，一九八一年的初春，北京颁发一九八〇年全国优秀短篇小说奖，不料想，我们竟有幸与冰心同榜！那一年，她获奖的作品是《空巢》，以一个归来的游子探访旧友的种种情境，写两个殊途不同归的知识分子家庭；极朴素的文字，道出的是永远的真理：走遍天涯国为根。

通篇没有一句高腔激调，却叫人处处感受着作者深沉的吟唱，那是从灵魂深处迸发的爱国主义激情。

那一年，"同榜"的还有张抗抗和藏族女作家益希卓玛。热情得像诗人一般的益希卓玛，听说冰心摔伤了腿难以赴会，便找我和抗抗商议："我们去，我们一起到家去看望她！"

到家去看望她？看望冰心？——我简直惊呆了：这主意太好了！但是，会给我们安排这种幸福吗？我们不会太惊扰她吗？

果然！幸福果然是只要争取便能来临的。喜洋洋的益希卓玛，变戏法似的亮出了已经准备好的一盆小小的石莲！呵，多有心的卓玛！可你大概不知道，冰心最喜欢的是玉骨冰肌的马蹄莲，是淡香的天然的水仙，我们应该去找马蹄莲，找水仙！可是，哪还来得及啊，好吧，就这样吧，带着这盆极普通又极耐旱的石莲，带着这象征高原的不凋之色的石莲，我们欢欢喜喜地去了。

哦，快看看吧！快仔仔细细地看看，仔仔细细地记住这里的一切吧！记住民族学院的这间住舍，记住这间被满堂堂的书橱挤小了的书斋，记住她的每一点微细表情，记住她的每一句笑谈，当然，最重要的是莫忘问候祝福，莫忘诉说平日最想诉说的话……

可是，叶文玲，你是怎么搞的啊！你不是几次三番见过她吗？你完全不必羞怯，完全不必有"望之俨然"的拘束，她不是别人，她是冰心，无论何时何地，她对你们都是母亲般的慈蔼、师长般的亲切啊！可是，被太饱满、太实在的幸福涨得昏头昏脑的我，竟然结结巴巴地什么话语也道不利亮，竟然从头到脚整个儿傻成了一根"实心棍"！

哦，幸亏有能言善语的抗抗，幸亏有热情得诗人一般的益希卓玛，幸亏她那高原云雀似的音腔叽呱不停，总算把我们要表达的情意都表达了。

撑着伤腿端坐写字台旁的冰心，海一样浩瀚，月一样清隽的冰心，一如既往地神态慈和，说着只有她才能道出的朗朗笑语，直叫你忘了屋外是春寒料峭的三月，直叫你觉得这小小书斋是这般温馨可意，融融如春。

呵，没想到，没想到一团如春的绿云骤然飘现：三本簇新的书，忽地亮在了眼前——冰心亲赠我们每个人一册她新出的选集！精装的书壳，湖绿色的封皮，掀开封装，则是黛青色的书脊，雪白的书面波动着水纹，灿灿的金字，就像天上闪耀的星！呵，更没想到的是，在扉页上签赠时，冰心竟称我们为“同志”，还加上“教正”二字！真叫人好不汗颜，好不愧悚！一刹那，我只翻来覆去感觉着一个词：诚惶诚恐……

冰心依然以她的笑容和亲切，拂尽了我们的汗颜和愧悚，于是，我们终又“肆无忌惮”起来。卓玛真正像个被宠坏了的孩子，得一要二地请冰心再送我们每人一句话。

为卓玛、为抗抗写的是什么，我记不清了，送我的一句则是：“宁静而致远，淡泊以明志。”

无情岁月增中减，有味诗书“品”后甜。一晃就是七八年。七八年中，就像有意识地“进补”一样，常常反复品读她的书，她的诗，包括她翻译的诗，包括别人评她的书，敬意愈贮，思念愈深。七八年中，几乎年年来京，于是每每来京，都不由地萌发这个意念：看望冰心去！

可是，每次每次，总有住处的不巧，或者交通路程的不便，不忍侵扰的顾虑，使我屡屡丧失如益希卓玛的勇气。

知己莫若友。相交甚笃的师友宗璞大姐，最谙我的心思。大姐排开自身的冗杂家务，先行做了联系，于是，我们终于欣欣然地结伴同往了，跟随而去的，还有我的在北大读书的女儿。带女儿同行也是宗璞大姐的主意，她一再说："谢先生最喜欢年轻人。"

于是，我骤然注意到了：宗璞大姐称她，不是随常随俗地呼为"老师"，而是恭恭敬敬地称之：谢先生。

中国人对称谓向有讲究，有识之士和学者更有分寸，"先生"之称于北大、于燕园这样的学府之地，唯有德高望重比老师还老师的饱学之士方可膺享；文坛也是如此，呼得耳熟的是鲁迅先生、茅盾先生……因此，在学问、人品、气质一向被我视为可仰而不可学的宗璞大姐这一呼，我不由得越发深感以往的粗鲁愚钝：是呵，对我们所敬爱的冰心，都极应该呼为：先生！

我于是一路默默地想着要对她诉说的话语。这一次，我一定要细细告诉她：我从她的作品中，所得的无穷无尽的"营养"和许许多多新的启悟；我要告诉她，她的那句"女人永远是我的最高超圣洁的灵感"，已经成了我的创作主旨，在三年前创作的一个中篇里，我开宗明义地亮出过这个"宣言"；哦，我还想告诉她，我非常喜欢的是她半个世纪前写的"新年试笔"，极为那"我愿有十万斛的泉水，湖水，海水，清凉的，碧绿的，蔚蓝的，迎头洒来，泼来，冲来，洗出一个新鲜、活泼的我"所鼓舞——这对投入新生活的殷殷呼号，对投入"源头活水"的热切期待，实在就是她七十年耕耘不辍、精神永不委顿的根因，即令八十年代的我品读，也频频激起难以抑止的亢奋……

那是一九八九年的初春，三月下旬，距上次拜望的时间，整整八年了！八年来，虽然文坛常常有她扶掖新人的文字，报章屡有她勤思健笔的新著，但是，一切的一切都代替不了亲往一见的渴念。

依然是这间住所，依然是这被满满的书橱挤小了的书斋，依然是先行迎出的吴青热情又爽朗的笑脸，可是，毕竟八年了！岁月不饶人地染白了她的华发，无情的病灾，夺去了她相濡以沫的亲人……可是，冰心依然！

依然是待人脉脉，似拂面春风，依然是笑语频频，出语都成妙谛，哦，冰心永远是冰心！

没想到先凑趣的是小猫，不待呼唤，那两只爱猫，先先后后跳上她的写字台来和我们合影，神态之老到，动作之熟练，真正堪比明星，而且大模大样地很有“主角非我莫属”的气概。不用说，小猫是主客共同喜爱的话题。报章消息中，常见冰心爱猫佳话，而前年，自称燕南园是“猫儿园”的宗璞大姐，也曾把一只可爱的狮子猫送我喂养，我还为此洋洋洒洒写过几千字的“猫文”。于是，在说不完，道不尽的“猫趣”中，我们先照了一张又一张的合影。

没想到很助兴的倒是我的女儿。冰心一见她来，果然分外高兴：“我最喜欢和你们年轻人谈天了；别管你妈妈管束，以后什么时候想来就来，我最欢迎年轻人！……”

喜出望外的女儿，兴奋得红云满腮，在如此慈蔼的长者面前，哪还有半点拘束……自然，导行的宗璞大姐，亦有款款衷肠与她细说，尽管都是极家常的嘘寒问暖，尽管应当的都是平平淡淡的学府文事，我却觉得有一曲无声之乐回荡其中，那是从真正的文章博综、醽醴风流的学者胸臆中，自然漫溢的高山流水，那是真正的大家风范和书卷之气的相映交融……听静了的我，只觉得一句“闲”语村言都无须出唇了，一边默默地陶醉，一边又不由得心神飞越……

归途中，像被我传染了似的，原来不多话的女儿，更默静了，问其所以，她慢声慢气地答道：“还用说吗，刚才听她们谈话，比上课还过瘾，就像暑天里走进莽莽苍苍的大森林，心里荫凉极了，满足极了。今天，我才明白为什么那么多作家，尊仰冰心为高天明月，一点儿没错，她是真正的皎皎无俗尘、表里俱澄澈呢！"

嘿，平素总觉得学汉语专业的女儿没有文才，这几句话，还算不愧挂的那只校徽。

哦，皎皎无俗尘、表里俱澄澈的明月，莽莽苍苍的大森林！舒舒泰泰地写至此，我陡然感到绿云荫窗，暑气全褪，满室满目，全是爽心的幽凉！

想念那碗玉米糁

人生中有许多思念，贮于记忆。有时候几十年的岁月都似一日那样平凡而重复，于是，记忆的荧屏上残留的便是一些无价值的碎片，而有些日子尽管短暂，甚或是一瞬，因其意义深重，却能叫人长久缅怀。

一九八〇年三月至十月，在中国作协文学讲习所（现统称为"鲁迅文学院前身"）度过的日子，虽然为时仅半年，在我，却是真正"留痕"的岁月。

我上文讲所的心情，以往曾有表述：就如饥饿的孩子总是感念于那口果腹的食物一样，我对学习，特别是这个不是大学胜似大学的"上学"，倍有珍重之心。故而，开学典礼时，让我代表全班学员致辞，没说几句就泪珠如豆……这情状，在旁观者眼里，甚或有点"幼稚可笑"。但是，幼稚也罢，可笑也罢，我自己是情真意切的。

我上的这一期，后来被同学们戏称为"黄埔五期"。开办这"五期"的缘由，从时间上就可了然；那时的表述就是"'春回大地'以来，重新勃发生机的中国作家协会的又一项旨在'发现和培养新时期年轻作家'的重大举措……"话说得有点累赘，可确实是中国作协领导和前辈们苦心的真实写照。

那时的中国作家协会，本部机关尚在文化部院中的防震棚办公，条件之差可见一斑。但是，对于培养年轻作家的那番心血，对于我们这班学员的诸般关切，却是毋庸言喻的。当时出席开学典礼以及后来亲为我们授课的，都是文坛上令我们十分敬仰的师长，同学们每人都有指导老师，老师或是前辈作家，或是大学和研究所的著名教授和学者。课程排得很全面，老师很用心，因为已是第五期，前辈们已有足够的经验了。

记得一九八六年调动搬家时，虽然明知翻捡已属徒劳，我仍然心犹未甘，疯寻穷找那两本在文学讲习所（文讲所）的听课笔记。倒不是说我那不太敏捷的记录本里埋藏着怎样的宝贝，而是我很想追溯那时的尽管一鳞半爪却令我缅想无穷的"往事"，而且我坚信那都是再也不复有的"瞬间"，它们之所以落到笔记本的纸页上，肯定都是映照过心屏的珍珠。更何况，抛撒这些珍珠的许多"斯人"，已经一个接一个地离我们而去！

文讲所的第一任所长丁玲，还有委员陈荒煤、冯牧、唐因、唐达成，以及我的指导老师骆宾基，还有虽然不是名义上的导师却实实在在指导过我的秦兆阳……这列"恩师"的名单，是长长的。他们的文品和道德风范，永远为我铭记。

文讲所第五期的所长是徐刚。徐刚所长和我们直接的接触和讲话不多，虽是有限的几次，但他的表情语气却很生动、很有个性，他对党的文艺事业忠心耿耿而对任何人却都是谦谦君子的模样，叫我记忆尤深。

文讲所有几位做辅导工作的女教师，印象深的有张玉秋和黎辛的夫人黄懿芬，黄懿芬那总是笑眯眯的温和神态与张玉秋那美丽而略带忧戚的眼神，仿佛是天然的契合。或许她俩在"老师"辈里特别年轻而又谦逊吧，她们也绝不让同学们称其为老师。于是，一些男同学就老三老四地直呼其名。还有一位图书管理员小井，我对这个戴眼镜的温厚小伙子印象颇深，是因为我看着他常常像蚂蚁垒窝一样，一天到晚用心用意地整理着图书馆那一点一点多起来的书籍。我对小井一直心存歉意，因为原来答应过要送他一本书而未曾践诺，而后来我又听说小井好像已经离开文讲所了。

许多同学在这半年的学习中收获很大，这收获，自然是指除听课之外的写作。王安忆和叶辛就是收获最丰者之一，他们在此期间写了不少中短篇。当我见安忆像记学习笔记一样，在本子上唰唰地写她的行云流水般的小说，而后那些行云流水般的文字又一篇接一篇地发表于报章时，真佩服得无以复加。叶辛也是，写中篇，他是同学里头最早者之一。有了来读书之前的《蹉跎岁月》打底，叶辛的创作一帆风顺，此后一发而不可收。古华的《芙蓉镇》，也是在文讲所最后修改完成的。

我自度是只笨鸟，一心想的就是来学习，一心又不会二用，因而这半年几乎未着一字。短篇小说《心香》也是在入学之前刚刚写完而给《当代》的，发表在当年的第二期。但《心香》机缘很好，时值中国作协创办了《小说选刊》，《心香》有幸成为创刊号的选载作品，记得那刊名还是茅公题写的。因而当它获得这一年的全国短篇小说优秀奖时，不能不叫我倍感幸运。在学习期间，我的包括了五十年代末所写作品的第一本小说集《无花果》，由上海文艺出版社出版。自觉稚嫩，也因其封面的颜色，我称之为"描红本"，正因同学们都不鄙薄，我才一一分送。

我特别想说一说的，是我的同学——若不是贾平凹因故未来而少了他，同班三十三名同学，在八十年代初的文坛星空，是相当亮丽的一群。记得一九八五年底全国第四次作代会召开，三十三名同学有二十三名是作代会的代表，会议闭幕时又有一个令我们自豪不已的消息：十七名当选为理事。别人也许不在意，我们自己就先得意了。于是，在京西宾馆的楼房一角，在我们的召集人艾克拜尔·米吉提的一声口令下，那张"黄埔五期"的合影，二十三张嘴巴无一不咧作大小"茄子"，尽管也有个别矜持了表情的，但大多数特别是男同学，个个豪气冲天并颇有"当今文坛舍我们其谁也"之气概。

这样说，也许有人会撇嘴，但在今天，在文讲所这个母校的喜庆之日，没法不实话实说，而且还特别想实话"笑"说。

这些年在报章上，不时有我们"五期"同学写的有关文讲所的回忆，每每见此，我总是两眼一亮，不管长短，这些文章却总是比当下的轰动作品更能粘牢我的视线，非一口气读完不罢休。读这样的文章，总能叫我"减去十岁"，而捡拾这样的记忆珍珠，那是所有快乐的神经都会被调动的。何况，在双鬓霜白马齿渐增的日月里，这种神经已经和头发一样渐见稀薄了。

说说这些"老"话，令我不无伤感，因为，如水流年流走的，不光是那些永远令我缅怀的师长，还有我的文讲所老同学……一九九六年底的全国第五次作代会后，我刚写了一篇小文，忆及文讲所同学的创作激情于我的鼓舞，就得闻贾大山、乔典运已经病重，不久，他二人相继撒手人寰……

我怀念文讲所的许多同学，恰如怀念我的曾经分散四处的兄弟姐妹。三十三位里头的好几位，二十年前毕业一别，至今不曾重逢；是自己"不喜做客诣人至，惯迟作答望书来"的秉性使然，还是当今时代大家都共此"君子之交淡如水"的心情？——检视信箱里越来越多的书报和越来越稀少的信函，我发现真正是"五期"同学来的信，竟如凤毛麟角。

因此，对天人永隔的，我总有一种难以言说的愧疚和忧戚。乔典运自不用说，对英年早逝的贾大山，对才智过人而又对某些"时尚"深恶痛绝、常发奇思异想、常有妙语隽言的大山，真是痛恨苍天夺人之大不公！倘若没有疏慢了这支笔，我实在早就应该为他“祭”一文的，就像当年在文讲所的操场上听他长篇大论地“侃”，而我只以三两声“呵，呵”的应答来回应他的滔滔不绝，来表示内心的惊讶和感佩一样……

贾大山是不能不叫我感佩的，这个剪着小平头、中等身个、脸膛红红的河北汉子，穿着首先极有个性：虽是城市化后的衬衫和长裤，那衬衫和长裤却依然有着浓浓的农家子弟的痕迹和气息，那些痕迹和气息，就在于尽管他是出门在外的男人，那白衣黑裤却总是洗得黑是黑白是白——勤俭丈夫好父亲的形象就那样黑白分明地跃然身上……

大山叫我感佩的，自然不只是这些琐屑。他的创作才华自不必说，至今，我还记得茹志鹃在一九七八年读了他的短篇小说《取经》时称道不已的表情和一连串的啧啧声……大山在创作《取经》前后，也并非同学里头写得最多的，但凡偶有出手，却总是很夺人眼目。那些文字无论长短，总是极有味道。

大山毕业后照旧回了他的正定县文化馆，据说到他去世也还是没离开过正定。正定，正定，这名字对大山，仿佛也是一种归宿。

我曾经纳闷：对许多问题（无论是社会问题还是创作问题）思考得头头是道（起码我认为是这样）的大山，竟会如此与众不同？为什么敏于思也敏于言的大山后来倒疏于写作？因为我觉得他的生活积累比谁都丰厚，那是真正拥有不止一口生活矿井的深厚，那可不是凭借一时聪明走红而是有着实实在在的“源泉”的富有。那么，他是过于愤世嫉俗看破红尘呢还是怎的？前年看陈世旭怀念大山的那篇情真意切的文章，提到大山在文讲所时对当时风靡一时的“意识流”作品的趣语横生的讽喻，提到他偶尔进商店买东西受了冷遇而愤愤发誓“再也不来北京”的形神……当时我也在场，此事千真万确，大山就是这么个人！就是如此自尊、真实、形象平凡、骨子里却傲极的一个人！哦，我还在想：大山的敏于言是并非喜欢在任何时候都爱讲，很多时候他是沉默的，大庭广众之下他不爱说话，他还特别看不惯爱出风头和轻狂油滑。他自己想讲话则看场合，那种他认为十分投契的人在侧、心里毫无顾忌值得大讲特讲的时候，他的话就成了为朋友倾泻的开闸之水……听大山讲话真是一种乐趣，许多从他的生活仓库中随手拈来生动已极的故事、笑料，甚或俏皮话，成了连串的如珠妙语……

　　大山不能不叫我感佩的，还在于他对人真诚而又风趣幽默。相当一段时间，大山被人传为文讲所的"贫嘴"——这实在是不甚准确的误传，大山有着徐文长式的风趣而非"贫嘴"。尽管我也是大家所传的他的"贫嘴"的受害者。他给我，给许多同学，甚至给文讲所的各种活动，还有我们的徐刚所长，都编排了一段令"受害者"的我们哭笑不得而后又不得不像祥林嫂似的逢人就解释一番、纠正一番的十分好笑而又颇有某种传神意味的"最高指示"……现在想想，那些哭笑不得的尴尬，那些现在看来纯属庸人和杞人、友情和调侃拌作的笑料，都成了甜蜜。

　　想想吧，那时我们都三十多岁，当时文讲所的那种严肃单调而不无清苦不无岑寂的日子，如果连这点笑声也没有，岂非死水一潭吗？

　　在同学里头，值得为之歌哭的，当然不只是贾大山。因此，后来如有偶然机会能和老同学有一见之缘的，就特别叫人兴奋。我记得穿军装的李再恒（他现在是更大的军官还是已转业？不得而知），在得闻我和陈世旭、艾克拜·米吉提应邀而有幸走访中朝、中苏边境来到他所在的佳木斯时，他的那种恨不得把佳木斯所有的菜肴、所有的酒水都搬上桌的热诚，真令我直到现在还齿颊留香；我更惦念一直在西安的莫伸，与莫伸也真有缘分——他常借以前工作的机缘外出采访，但我两次偶然去西安他都在，都极尽东道主之谊而不吝陪我走东走西。莫伸在文讲所，就是最为大家夸奖的热心公益者——大家都说如果我们班评选学雷锋的积极分子，必是莫伸无疑——与他同组的真是沾光啊！每天他们小组的那溜地和桌面总是特别干净，每次为讲课老师的黑板擦得似乎能映出人脸的，也总是莫伸……

说到缘分，与陈世旭也是见得比较多的，最近几年一年一度上京开的“两会”自不必说，五年前还因为我曾应江西之邀，参加过他们参与举办的笔会。不承想天缘更凑巧，四年前湖南举办的笔会，又碰到了陈世旭！对嘴里称其“将军”心里视为小弟般亲切的世旭，我们早在同走东三省时就亲如姐弟了。对这位“将军”写作才能的佩服，自然也可追溯到未曾做同学前——一篇《小镇上的将军》早就将我折服了。

再还有颇有兄长之风而深受同学爱戴的“乔厂长”蒋子龙，早在六七年前就当了爷爷并为之自豪不已的广东“凯哥”陈国凯；骑兵出身因而有两条特别长腿的王士美；魁梧的东北大汉刘亚洲和笑嘻嘻的“鬼才”关庚寅；再就是虽近在上海却难得碰头只在大连开会时以出色的自编自舞而叫我大吃一惊的小妹竹林；再还有同样穿着军装来的因而大受同学们一口一声“团长”地恭维的刘富道；跳舞跳得最棒虽来自宁夏却是地道温州人的戈悟觉；一头黑发（不抹油也油光闪亮）加一口黑牙的我们的班长张林；漂亮的“空哥”小伙瞿小伟和也是北京的刘淑华；老实巴交的“湖北九头鸟”王承启和温厚似长者的王萌鲜；再还有早在十一年前就远走异国他乡的古华和孔捷生……

我像念珠似的念着这一串名字，因为我不知道有没有那个“有朝一日"，还能将我们这班同学哪怕只是部分同学再召唤在一起？

我怀念文讲所借用的朝阳区委党校的那一溜红砖矮墙的平房院子，那座在如今肯定不复存在的大院，幽静、简朴，在当时的我们眼里，颇有延安"鲁艺"的味道，尽管我们谁也没有去过"鲁艺"。这所前后两排的平房院，每间小与鸽子笼无异，较大的房子就那么两间，一间后来暂作图书馆，另一间，吃饭时是食堂，上课时便是教室。宿舍是四五个人一间，自然是笼鸽子似的，饭碗脸盆什么的家什全塞在床底下，谁也没嫌过挤，脚对脚，头顶头，这就更好——高兴起来聊大天，悄悄话说得再轻也不怕听不见……

我记得那间最大的用作食堂也用作教室的房子，有一次曾被我们派作了想也没想过的用场——给孔捷生作结婚的礼堂——女同学中年纪最大的我，将母亲教我的剪裁和针黹手艺，在这天好好露了一手：我们在窗上和黑板上剪贴了大大的窗花和双喜字，还与两位女同胞驱车很远将多才多艺的新娘接到了我们这儿的"家"……在精心编排下，前几天刚刚在工人体育馆崭露头角的伴娘苏小明也应邀唱了非常动听的歌，而后，老师们、同学们全都"卷"入一场跳得人人汗出花流的舞。那情景，我敢说就是真正的延安"鲁艺"人结婚，恐怕也就这般热闹！

这里最大的地盘是操场，记得男同学曾在这里很威风地拼搏过几场，说实在的，看他们打球真比看正规的球队有意思。赢了谁输给谁我都已忘记，唯记得他们在练兵后竟野心大发地要与北大学生比赛，还要求女同学们跟随去为其助威，最后自然是大败归来，但北大学生对"作家队"的真诚欢迎，多少满足了这班出征男士的虚荣心，所以归来时总算没有太垂头丧气而照旧壮心不已……

月光下的操场，也是同学们聊天的最好地盘，走出操场，便是一片很大的麦田，爱散步的同学总是在晚饭后，三五成队信马由缰地绕着麦田一圈又一圈……

　　我怀念文讲所的食堂。尽管饭菜是那样千篇一律，尽管那时的饭菜，好像恢复了"供给制"似的，早餐是北京人的"老三篇"，中、晚通常也只有一荤一素或一菜一汤。但我记得同学们一日三餐扑向食堂时，真的连萝卜丝咸菜都嚼得山响……对于我们这些南方人来说，对于我们这些一年三百六十五天顿顿早饭吃泡饭的人来说，文讲所的早饭真正是"高粱肥呀大豆香"的地道北方风味，那颜色尤其溜丝金黄——几根咸萝卜丝是棕黄；一只油饼也炸得焦焦黄；那碗苞谷糊糊——起先叫我们学说得十分生硬，后来被我们练喊得很熟练并带了翘舌音的"玉米—糁"，真的是溜丝金黄且喷喷香啊！

　　从那时直到现在，我常常想念那碗香喷喷的"玉米糁"，那碗以咸萝卜丝佐餐的"玉米糁"，虽然在此间也偶然得享，但那种秋天庄稼地般的金丝溜黄的香色，那种地地道道的只有在北方只有当年文讲所食堂才有的"玉米糁"，却是不复再有了呵！

惬意最是品茗时

人的每一天，少不了柴米油盐酱醋茶。如果说前六种是人的生活中不可或缺的，那么，喝茶却有点例外。

我这里说的喝茶，当然不是指人体必需的喝水，而是有滋有味地喝茶，有情有韵地品茶。爱喝茶，会品茶的人，大抵一有嗜茶之好，二有闲情逸致。不过，平头百姓普通人家，朋友来了有好茶，是惯常的待客礼仪。而心情或好或闷的时候，邀约一二知己，找一家好茶馆，拣一角幽静处，慢慢地喝，缓缓地说，也是与人分享快乐消解忧愁的最佳方式。这样的喝法，也便有品茗的味道了。

本人并非茶道里手，也不是品茗行家，皆因茶的无与伦比的魅力，使我这只会喝"大碗茶"的人，也常常总想说一通关于茶的痴话。

"水甜幽泉霜雪魄，茶香高山云雾质。"茶的品格可谓高矣！行家说喝茶，一下就道出了喝茶的底蕴：茶，一杯淡，二杯鲜，三杯甘又醇，四杯五杯韵犹存。如此品饮，自是品出茶的神魂底骨。二十多年前，远在中原的我，曾被一支歌曲撩起了浓浓的乡思，接连几夜，我美梦连绵，梦中，我变成了快活的"叫天子"，逍遥翩飞在故乡的青青茶园，那歌曲，便是至今享誉四方的《采茶舞曲》。

茶，能歌亦能舞，品雅味且醇，是世人公认的无酒精的最佳饮料。

茶，入诗又入画，茶对我的最大诱惑，便是能解忧助文思。沉醉墨海的人，没有一个不爱茶。一杯清茶在手，文思翩然。有位画家吟得好："教我书楼磨斗墨，绿芽香里画银河。"所以说，茶在与饮食、医药、园艺、陶瓷、科技、文学、礼仪、民俗等众多领域的因缘上，更堪称物中之最。

茶，可说又可道，关于茶的戏文和诗画，更是清妙隽永无以数计。老舍先生的《茶馆》，不但是文学名著，更是话剧舞台上的经典。一座"茶馆"，折射了中国半个世纪的历史，也是当时社会的众生相。正因其无与伦比的艺术魅力，至今屡演不衰。我难忘一篇关于茶的奇文，作者慧眼独识，青睐茶"自由洒脱的生"，说到泡在杯中的绿茶，一句"壮烈缠绵的死"，几成奇句绝唱！

茶，也是奉献与牺牲的精神写照。它以自身的一脉苦涩，酿就遍地清芬。诗人闻一多，曾称自己的粮食是"一壶苦茶"。茶的这种精神，堪与革命志士的崇高境界相映照，茶，既是他们的精神食粮，亦是他们的精神象征。

茶，既可忘忧，还可滤梦。说到喝茶于人的种种好处时，我像上了茶瘾似的难罢难休，对茶之醉人、茶之魅力、茶之韵味，更是感喟无尽。

少年不识茶滋味，解渴唯对白开水。尽管故乡十里丘山飘茶香，也见而不觉，只晓得家里唯来贵宾雅客，方有烧水敬茶的礼仪；而主客有模有样在客厅茶几旁落座，慢条斯理地品茗啜茶，也只能是父兄辈的专利；妇姑女儿们呢，只有早早晚晚"两只茶篓两旁挂，头不抬来眼不眨"地忙采茶的份。那时，不消说对高深的茶经、茶道一无所知，就连诸如茶的历史、茶的品种、茶的成分等，也少有常识。至于茶的妙用，也只限于还曾煮过茶叶蛋的水平；杭城名菜之一的"龙井虾仁"，我也是在阔别故乡多年回来探亲时，方在朋友的宴席上，首次领略它富于诗情画意的独特风味。

渐渐学会喝茶乃至十分爱喝茶，自然是笔墨因缘——熬夜捉笔实需它醒脑提神，由此产生的效应，真难估量。只知道长夜久坐头脑壅塞之际，一杯莹绿清润的热茶在手，即便不能马上助你文思泉涌，至少也是清沁透脾，如对春风。喝一杯清茶，委实能渐入恬淡虚融的境界。

无怪识得茶之真味的文士们，往往将此佳茗比仙比姬比倩女，无怪懂得行道的厂家茶家，要将好茶冠以可意的芳名：碧螺春、玉女茶、铁观音……一样样，都是曲尽汉字之妙，叫人一观其名，就能得展想双翼，联想翩翩乃至陋室生春，温馨无限。

说到对喝茶的感情，我也经历过一番"外转内"的过程。

二十世纪八十年代，咖啡馆远没像今天这样星罗棋布于城市街巷。记得是某次笔会之余，与几位文友饭后闲步，忽见小咖啡厅霓虹闪烁，便有好奇者邀请去尝一杯，不料同行者有几位声名卓著的老作家，竟然也和我一样，从未开过这洋荤，于是便同声称谢。于是一行六人便很有模样极为斯文地踱了进去。侍应小姐自是风姿绰约，品光耀眼的咖啡壶，也在壁角袅袅喷香。待娉娉婷婷的小姐，将一盘热咖啡和一纸账单一并上桌时，大家都暗自咋舌了：这六小杯一口能喝光的咖啡，竟大约于当时两个人的月工资！虽然请喝者大度依然，应邀者却无不为之心疼，于是，每个人就不约而同地喝得越发斯文、越发珍惜，真正是一小口一小口地"啜"完的。盖因此种心态使然。那咖啡虽然甜香，却再也唤不起我更多的美妙之感。

二十世纪八十年代初访问马尼拉。陪游的主人有下午四时必喝咖啡的习惯，怕慢待我们，届时也总为我们请上一杯茶。可是，不管是五星级的大饭店，还是高速公路旁的快餐厅，端来的所谓"茶"，总难让人恭维；有几次是华人朋友请客，酒饭之后的茶，自是当地的最佳品，可我总觉走味，于是，端起杯盏，"内视觉"便被激将了似的拼命活跃，当眼前尽情晃现龙泉梅家坞的一派青幽、舌尖似蘸着龙井玉峰云雾茶的一脉清芬时，才觉齿颊沁香，喉底回甘。

此后，我更是古今并用，中西结合，不管是喝过味道浓郁的咖啡，还是透人心凉的碳酸饮料，依然总要再喝一杯清茶"冲洗"一下，胃腕才得真正舒畅。此后，虽然家里也常备有待客的咖啡，可是，每当客人声明"我更愿意喝茶"时，我便展眉舒目，会心一笑，立刻将来客引为"茶知己"。

所以，我现在喝茶，虽然在感觉上又"醉"又"魅"，但更多的时候只是停留在因"需要"而喝的初级阶段，还没彻底进入微妙的境界。

入了境界的喝茶，称作品茗。只有懂得了如何"品"，才能真正道出境界中的万千滋味。关于此道，许多真正的茶家，自有妙文著述，那些诗文茶家，更因品茶写出了许多脍炙人口的诗行。

写茶的诗总是很美，读来就有一股异常的茶韵茶香。在与文友一起喝茶时，不由得会想起这些因茶得诗或因诗品茶的妙文意境，而喝茶也唯有达到品茶的境界时，才能产生有滋有味的效果。所以说，喝茶品茶，也要"功夫在茶外"，或者说因为有了"茶外功夫"，写出的文字才有无限韵味。

杭州茶楼多多，西湖畔的国际茶人村，常常举行品茶诗会，每得这样的邀函，我总是欣然赶赴，因为有兴致与会的都是年事已高的老茶家，这种以茶缘、茶香、茶情为主题的品茶文会，且不用说品赏新茶的乐趣，就是听听茶家们即兴吟咏的诗文，竟是莫大享受。

每当此时，茶人村的主人自然礼遇隆重：茶道表演、品茶、请题字等待客"项目"一应俱全。诗会开始，满座茶客各自面对一盏绿茵茵的新茶，有滋有味地小口吮呷，明窗净几间，那缕缕茶香自是袅袅不尽。有一年为这况味所动，触景生情，遂掂笔写下：饮一盏新绿，染满身清香。

这惶急间逼出来的粗句，竟也被在座的茶家们当作"很有韵味"的一款"茶联"，大家纷纷吟和。我心下明白：这当然是老茶家对我这新茶客的宽和。

茶人雅集，品类多多。到茶园看茶，自有"闲看丘山一脉绿"的情致，而最有韵味最彻底的品尝，则还是要在茶馆中进行。

茶香遍野的杭州，茶肆如林，茶事大盛，热络于茶史、茶话、茶文化的研究者甚众，与茶有关的书刊更有好几种。能在"光摇竹写无声画，风劲林藏不语蝉"的境地中与三两知己品茶论诗，则是最为世人欣羡的赏心乐事，也是历年来最入诗画最成佳话的西湖文迹。我总觉得许多大家诗人的文气，就是被茶香熏成的，他们的至诚到老的文人梦，也是被茶色染绿染浓的。

物欲横流的时下，当今人的心态，常见浮躁。也闻得不少人退休后，因为无所事事而心态失衡、脾气乖戾，这也可说是又一种浮躁。心浮，才会气躁。如何治得心浮？不外是不思非分之念，不贪过头之欲，沉下了心，也就稳住了气，沉心稳气，就能在扎实过日子中找到了普通人生活的那种实在的质地，在品书读书喝茶的快乐中得到了物质所无法替代的精神乐趣，这就是进入一种境界，安享到一种世人常说的"清福"。

所以，我要说："惬意最是品茗时。"欲享"清福"，欲入佳境，茶馆品饮，自是最值称道的一种人生方式。于是，有朋自远方来，我便相约：

走，到茶馆去，饮一盏新绿，染满身清香！

弦歌清音动地来

　　俯仰山川，是一帧悠远的诗画；静观人文，是一轴不尽的长卷。

　　这就是浙江，这就是魅力无穷令人说道不尽的浙江。

　　伴随你品味浙江这诗画长卷的，还有浑似天籁的弦歌清音，令你荡气回肠。

　　这天籁，这让人荡气回肠的绕梁清音，就是浙江的戏曲。

　　浙江戏曲繁花似锦，京、昆、越、绍、婺、甬，剧种缤纷。全省各地多有以剧种定名的大小院团，如今的嵊州（过去的嵊县），是无可争议的越剧发源地；温州瓯剧（乱弹）、松阳高腔、永嘉昆曲等地方剧种地方剧团，更是各树一帜。而作为中国最早且成熟的戏剧——南戏，浙江也是它的故乡。

　　故而，要论说浙江的戏曲界，纵洋洋万言，也难尽述这诸多剧种诸多剧团的错综历史万千风光。我这里只拣昆剧、越剧的两个代表性剧团略说。

　　一个地方的文化土壤，是艺术得以发展的根本保证。在浙江这块韵味悠长的土地上，在古老的戏曲艺术与迅捷变化的时尚激烈碰撞的当下，生根发芽的戏曲艺术，已然成为构建并承重浙江文化的支柱之一。在生活中，它就如柴米油盐茶一样，成为百姓日常不可或缺的需要。在戏曲艺术的发展过程中，当然也有某些局限和由此产生的困窘，但是，百花齐放、欣欣向荣却是大气象，生气勃勃、绚丽多姿是总格局。因此，在杭州，如下的场面就不鲜见——

大剧院门口，某某大剧团上演某某剧目的海报铺天盖地；但在黄龙洞或吴山广场这样的地场，民间职业剧团依然日日笙箫鼓乐热闹非凡；更常见的是公园湖畔休闲处，不管是清晨还是傍晚，忽然间就冒出几个不邀而来的戏迷票友，弦子叮咚，鼓板的笃，拉开架势就咿咿呀呀地唱将起来，而三五成群的游客，也总是一拨又一拨，霎时间就围得人头攒动，成为此间一道独特的风景。

这样的风景不仅在杭州，在浙江各地也比比皆是。

因对戏剧艺术一向痴迷，便曾为昆曲名剧《十五贯》《游园惊梦》《牡丹亭》拍案叫绝；曾为越剧表演艺术家的尹桂芳写传记心颤鼻酸；曾为浙江"小百花"的名声在外喜笑颜开；曾为剧作家顾锡东的《五女拜寿》《陆游与唐琬》肝肠俱热……因此，进入二十一世纪的今天，当每每闻说诸如浙江昆剧团、浙江小百花越剧团在海内外演出的种种反响和巨大成功，当阔别重逢般在一些乡村戏台上看到活跃至今的许多民间剧团时，我总是慨然且欣慰，而"一自辋川人去后，南宗衣钵属何人"的忧虑也荡然无存。

在大追时尚酷好捧星只事表面喧哗的一些地方，在浅薄的"解读"和浅俗的表演充斥荧屏大败胃口疲惫视觉的眼下，作为经典戏曲发源地的浙江，依然坚挺着热衷观赏的老百姓，更使我们欣慰且慨然：浙江戏曲并未在浮华的时尚中失却丰厚的土壤和最基本的观众，从以往到现今，它依然是浙江文化最为出色而充满魅力的一张名片。

在金华，我们曾为婺剧表演艺术家郑兰香苦心创办的艺校里的新人苗壮成长而欢欣；在嵊州，我们同样为越剧之乡那个像模像样的越剧博物馆及其属下的越剧新苗的出色才艺而开怀；而以《三打白骨精》成名并从此赫赫于全国的绍剧团、以《十五贯》这"一出戏救了一个剧种"的浙江昆剧团，现在都是相当"滋润"而活力无穷的。有各级领导的支持和直接关怀，有相应的基本经济保障，大剧团和艺术家们以各自的"源头活水"滋润着剧团和剧种。艺术家和演员们在长长的戏曲生涯中，也经历着改革的种种变数，他们逐渐懂得并掌握了艺术顺应市场经济的规律，确保剧团和剧种的生存。他们掌握了时代的脉络，扬长避短，积极向海外拓展，这也是浙江戏曲事业能够很好发展的缘由。

说到对外文化交流，浙江昆剧团自是成绩斐然，大团队的出访演出总是享受到高规格的接待。在韩国，三家著名的国家电视台从汉城^①追到现场直播演出盛况；在中国的港、澳、台地区，只要闻说林为林、汪世瑜、王奉梅、王世瑶、龚世葵、张世铮、周雪雯、翁国生等著名表演艺术家出演，便总是观众如云、场面火爆。既善传承更致力于鼎新的浙江昆剧团，将讲学和演出相济，他们走出国门，走入校园，既表演也讲演，以精湛的艺术吸引、培养更年轻的观众，所到之处屡屡形成"奔走相告说浙昆"的局面。至今，我还忘不了观赏林为林精彩绝伦的表演时所激起的全场惊叹；忘不了汪世瑜与青年演员张志红在联袂演出《牡丹亭》时叫我得享的那种如痴如醉的快感。

被联合国教科文组织命名为"人类口述遗产和非物质遗产代表作"的昆剧，而今的"荣宠"地位已非昔比，而被列为"民族文化遗产"予以重点支持、拥有名人名戏的浙江昆剧团，传承炉火纯青的艺术，革故鼎新，年年更有精彩的准备：今年就有围绕昆丑艺术大师王传淞百年诞辰以及《十五贯》晋京50周年纪念，届时，全国昆剧名家联手，在杭州、北京、香港等地，进行一系列以"丑中美"为主题的昆曲推广纪念活动；新剧目《英雄罪》进入紧锣密鼓的排演；筹备中的《幽兰飘香·传世盛秀》第三集，精选了三十四折传统折

---

① 今首尔。

子戏录像，这更是对古老的昆曲艺术最切实的抢救和推广。

昆剧热，热及海内外。据悉，浙江昆剧团在金秋将赴斯德哥尔摩演出，这"催动梨园又一春"的盛事，将会使黄头发蓝眼睛的西方世界，再次呈现"又是江南鹧鸪天"的景象！

"浪迹天涯三长载，暮春又入沈园来。疏雨杨柳双燕子，书剑飘零独自回。"当委婉清丽的唱段悠然飘出，当"书剑飘零"的"陆游"——俊朗又潇洒、忧郁而愁思满怀地从沈园一角走来时，原本是落针之声都听得见的剧场，立刻采声如爆……此情此景，在"小百花"的演出中，可说司空见惯。

若干年前，当为越剧"小百花"量身定做的《五女拜寿》拉开首演的大幕时，就已经奠定了越剧这一人间清品的芬芳再发，而剧场里这种静寂与狂热的交替进行，也都又一次说明着一份极度的迷醉，那是观众与剧情身心交融所激起的感同身受的痴狂，那是对越剧这一由乡村草台班走上大剧院的来自民间、生根民间的艺术那种贴骨贴肉的迷恋，那是对钟爱的艺术和钟爱的表演艺术家一种无由言说的挚诚崇拜。

在浙江，最能感应并享受观众们这种痴恋和崇拜的，是浙江小百花越剧团和茅威涛。

同样的情景在二〇〇三年七月再现，同样的唱段在杭州剧院再次响起——为越剧界唯一入选国家舞台艺术精品工程的《陆游与唐琬》，俨然已与国家大剧团并肩而立的小百花越剧团在此举行了新闻发布会。在这台有茅威涛、陈辉玲、董柯娣三位中国戏剧梅花奖得主、五位国家一级演员同台演出的又新又靓、婉约典雅、如诗如酒的大戏中，"小百花"的"花魁"、心细如发的团长茅威涛，将乐队请到了发布会上，以一曲《陆游与唐琬》的清音，告慰刚刚逝世的该剧编剧——当代著名剧作家、浙江文艺界人人尊称"顾伯伯"

的顾锡东先生。

与其说是一项荣耀无比的新闻发布会，不如说是一场回顾历史满含深情的纪念会。这别开生面、别样柔美的场面，一如越剧“小百花”本身。在浙江，“茅迷”“何迷”“董迷”们对其心中偶像的迷醉如痴如狂，而与茅威涛同时或先后进团出名的“小百花”们，还有何赛飞、何英、董柯娣、洪瑛，还有陈辉玲、方雪雯、江瑶等，从她们进团之日起，真是花叶纷披，群芳云集，成了浙江戏曲界最耀眼的锦簇花团。

当年扶持“小百花”芬芳盛开的园丁，是诸多像顾锡东那样身体力行的剧作家和老前辈，是史行、孙家贤、钱法成、沈祖安等戏曲界的懂行领导和专家。诸公盛德三春雨，洒向枝头皆是诗。二十年的风雨历练，浙江小百花越剧团声名鼎鼎，成为浙江戏曲界可骄人前的一颗东方之珠。而由茅威涛、何赛飞、董柯娣等人主演参演的《五女拜寿》《陆游与唐琬》《西厢记》《寒情》《孔乙己》《优秀折子戏专场》以及近年编排的《藏书人家》等，也都已然成为浙越“小百花”的看家剧目。

“看‘小百花’的越剧表演，可以一夜梦回江南。”海外人士的这句话，自是最贴切也最充满感情的褒奖。当一曲曲江南越音飘荡在宝岛台湾、明珠香港和澳门的上空时，“小百花”，承接了无数关爱的雨露，在收获着盛誉的同时，她们也收获了浓浓的友情。

浙江越剧，自是浙江戏曲中观众最多而最年轻出挑的剧种，茅威涛和现在同时成为著名而抢手的影视演员何赛飞，是其中杰出的代表。对备受上自政府下至百姓众家呵护的“小百花”，她们二十年来的主要演出剧目，我这个热情的观众基本都已看过。因此，即便是同在文艺界其实只是门外看客如我者，对她们的骄人成绩和声誉，对她们的点点滴滴，我总是鲜有“寻春不觉春已晚”的遗憾，倒是在这个备受大众喜爱的年轻剧团中，更多地深深感受到她们在历练中不断升华的文化自觉，感受到全团人自上而下对每部新戏推出所具有的那种"一路细数落花来"的精心寂虑。

今年初，一场在香格里拉举行的"爱越二十年"的团庆，云集了精心扶持"小百花"的园丁们，一盏清茗浅，廿载情谊浓。而后的接连几场包括召回原创人马的《五女拜寿》的演出，更把"小百花"得天独厚的喜庆推向了高潮。那些日子，虽然台上的戏还是那部戏，演出的人还是那班人，可被深深感染的我，再一次体味了越剧在浙江无与伦比的魅力，感受了弦歌清音动地来的激奋。

戏曲艺术当然也是综合艺术，人说"小百花"的幸运，不仅在于有一批像顾锡东那样"所思经天纬地，为文绣凤雕龙"的好剧作家，也在于有杨小青那样执着于艺术探索每戏必有新招数的好导演，也在于有胡梦桥那样曲不绕梁誓不休的好作曲家，有蓝玲那样无出其右的好化妆师，更有团长茅威涛那样的好"头羊"。

结识俊朗潇洒的茅威涛久矣，感知她欲"融万众之精华，合千者之经典"的那颗"大心"，却是从她自"书卷气最足的尹派小生"而奋进成为一流的表演艺术家，从她一次次地将自己逼到绝境，然后奋身一跃再创"新高"的探索和奋斗精神中一点点深化的。就像有人以"于今重写梨园谱，十万精兵总教头"来描摹当年的戏曲界元老人物老俞振飞一样，茅威涛的越剧"总教头"身份，也在桃李无言、下自成蹊的早晚间。故而，我很认同有人对以茅威涛为代表的越剧表演艺术家的那句概括：潇洒只是刹那，艰辛充斥过程。

一点不错，"青山看远鹤，茶棋品悠闲"只是舞台上的唱词；"双烛交辉、错光耀彩"也只是对曾经"衣带渐宽终不悔"的剧作家高明的一种美丽而不无慰藉的传说，对于恪守自己的文化担当，对于将艺术溶于血液、融于人生的艺术家，它真正的潜台词就是：奋斗与艰辛。

洛阳诗韵

中原忆，最忆是洛阳。情思悠悠中写下这句话，连笔尖都带了几分醉意。

水自天上来的黄河，浩荡东去，沿途凝结了一颗颗明珠似的城市，洛阳是璀璨的一颗。

洛阳一似黄河激扬雄浑的音符，洛阳又像春之神明媚动人的笑靥。不，不，洛阳就是洛阳，洛阳是历史厚重的馈赠和沉积，从洛阳发掘的文化遗产，足可代表中华民族灿烂的精神财富。

在河南的二十四载中，洛阳是我去得最勤的地方，特殊的机遇和亲缘，使我对洛阳十分偏爱。我总觉得这个九朝古都，有着特殊的况味，不然的话，历代文人墨客，也不会把对洛阳的赞誉，写进千首万阕诗词里了。

“陆机入洛，噪起才名。”三十年前，我曾抄录这一古句，慰勉当时发落邙山的兄长。我对这个东汉、魏晋、隋唐时期的全国经济文化中心，有着笃诚的崇拜。洛阳，光名字就是古色古香，充满文情和诗意的；洛阳，历代才俊辈出，在东汉时就有过三万多大学生呐！

二十四年前，我初访洛阳，就觉得她名不虚传，二十四年中多次去洛阳，一次比一次深深地感受到她的古美和奇绝。

洛阳古，她有“天下第一寺”的白马寺。许多城市的风景点，常见冠以"天下第一"的美称，但都没有白马寺这个"第一"叫我感到真切实在。

据史书记载：东汉永平八年，明帝遣使去天竺国求佛经，得贝叶经四十二章和佛像，用白马驮回。天竺沙门摄摩腾、竺法兰护送至京师，遂建成了中国佛教之源的白马寺。白马寺门口那匹粗拙的石塑白马，便是文化使者的象征；寺后墓园中，摄摩腾和竺法兰的大圆坟，年年芳草青青，更使历史和现实贴近。

洛阳美，她有群芳之冠的牡丹。聪明的洛阳人，古戏今做，把传说中不肯献媚而被武则天贬谪的牡丹奉为市花，在花事烂漫的五月，年年举行规模空前的牡丹花会。这一来，王城公园的牡丹，越发明媚娇妍；市区的十里长街，更有三步一座姹紫嫣红的牡丹园。而今，洛水之畔看牡丹，已成了域外海内的文明盛事。花会期间，洛阳城日日车水马龙，游人如织。人笑传：光捡看花人挤落的鞋子，都能捡上几大车呢！

洛阳绝，她有一千三百年历史的唐三彩。这种运用赭、白、绿色铅釉烧制的三彩陶名扬天下。其中造型最优美的马和骆驼，已成了人们馈赠亲友的佳品。不久前，在洛阳还发掘了隋代的三彩骆驼，它釉色苍晦素净、姿态生动逼真，无愧是隋代工匠的杰作，也是举世罕见的艺术瑰宝。而今，唐三彩的驼、马，已带着它特有的明光丽色，"走"向世界各地；我在不止一个外国朋友的柜橱中，看到了它们的丰姿。去年，当我告别中原时，谙熟我心思的哥哥，一下为我"牵"来了五匹大小不同的唐三彩马，真是"愿借明驼千里足"，送我还故乡呢！

洛阳奇，更因她有无比雄伟的龙门石窟。这个在洛阳市南十二公里的去处，有与洛阳同样古香古色的名字：伊阙。

龙门山（西山）和香山（东山）夹峙伊水，岚气氤氲，翠峰如簇，北流入洛的伊河，烟柳重，春雾薄，鱼浪起，千片雪。看惯了黄河的浊黄，你定要惊异这伊水怎会如此澄碧；见多了黄土地的苍凉，你更会讶然这龙门两山竟夺得千峰翠色，春意乱生。而叫你真正称奇的，当然还是那浩大辉煌的石窟。

据记载，开凿于北魏太和十八年的龙门石窟，延续至唐代，历时四百余年。令人心疼的是，十之八九的小佛像，头部已遭损毁，最著名的《帝后礼佛图》浮雕也被盗凿。但是，残留的佛像形态乃至每片衣袂，都刀法圆熟，极其传神。现存的一千三百五十二个石窟，七百八十五个龛，九万七千余尊造像，三千六百八十种题记，凝结着我们民族文化的精华。

龙门石窟最雄奇的是奉先寺。卢舍那的塑像是我所见各地佛像中最美的一尊。那婉约端丽的姿态，那摄人心魂的慧眼美目，那浅笑盈盈的秀美双唇，真是集美之大成。

到洛阳，游龙门，不拘四季，无论晨昏，一棹碧涛春水路，龙门石窟永远向你展示着壮美的大观。而当你沿着香山寺、白居易墓、宾阳洞、药方洞、万佛洞、奉先寺——游赏时，你将会如品诗韵、如临仙境，一轴六代九朝的画卷，一部中华民族的文化史，正徐徐向你展开……

滋味万千

不久前，从一则新闻中看见，某大学食堂的泔水桶中，有白花花的米饭、各种各样的剩菜、只啃过一口半口的白馍……说实在的，每每看到这种镜头，心里很不是滋味。一边看一边就想：他们没过过那个年代。

没来得及买早点的外甥女，泡了一包牛肉方便面，刚吃了一口便停了筷子，随即便听得卫生间一阵冲水响……她大概意会了我的眼神，伸伸舌头，自我解嘲说：我真是暴殄天物……

不用说，外甥女没有经过那个年代。

我说的那个年代，过来人都知道，是低标准的二十世纪六十年代初，通常或者说成"国家遭受严重困难的那些年"。

我正是在那个年代来到河南的，正是在饥馑的年头来到河南的。我便如刻如镌地记住了河南最初赋予我的一切，包括最不易得和最粗粝的吃食。

我最早的落脚地是内乡县。内乡高中的老师们，一日三餐是玉米糁中有几块难得半沉半浮的红薯；中午偶尔吃干的，那便是黑乎乎的能"掷地作金石声"的红薯面馍。

几乎没什么就饭的菜。如果萝卜熬白菜里有一点儿粉条、豆腐或一星半点儿油花，就是难得的荤腥；杂面条如果放了芝麻叶、红薯叶，那无疑是过节了。

正因为没什么蔬菜，大葱大蒜便成了最可佐饭的，我由讨厌生葱生蒜的气味到逐渐习惯到后来吃得有滋有味，全然是被环境改造的结果。

几个月住下来后曾去过集上，那五天一次的集，也寥落得几近于无。集上人最多的菜市，除了萝卜、白菜、大葱，再没有别的。可有一日，我竟像发现新大陆似的，发现有鲜鱼卖！卖鱼的那个老汉不知从哪条河里意外地捉到了这几条鱼，洋洋洒洒地摆开了地摊，而且价钱特便宜：无论大小，一角一斤。

就这样，也几乎鲜有问津者。于是，欣喜若狂的我，倾己所有买下老汉所有的鱼。回来的一路上，碰到一连串的瞪眼惊问："你买的？买这么多鱼咋吃呀？"

乡亲们惊异的，不是鱼的做法和吃法，而是吃鱼竟然需要用一角一斤的钱去买。

做好后，我让所有来串门的人品尝，即便有兴趣品尝的，开口总是："腥吧？"在肯定了不太腥或不腥后还会说："就是怪扎嘴。"

我这才明白：那时的内乡人几乎不吃鱼，或者从不舍得花钱买鱼吃。

以后我又多次去过集上，可卖鱼的老汉就像天外来客般从此消失，我买鱼的运气也就不复再有。

后来我犯胃病，一吃红薯就大吐酸水，于是便更加想念大米饭。可在当时，这念想几近奢侈。我最亲近的学生仗义非常，趁周日回家，翻山越岭到有米的乡镇或亲戚家去寻找。侥幸有所获的，哪怕是一撮一把，也都捧宝似的为我捧回来。

于是，那些说不清是大米还是碎米，尽管又糙又硬，但在我眼中无疑成了珍宝。我拿这些米熬粥做饭时，真是一颗颗数珍珠似的数到小锅里的。

有日与先生一块儿去城关菜园的一个学生家家访。坚持留饭的家长自然已知道我是个想吃米饭的南方人，不知从哪里弄来了一把米并早早做好了一锅黏糊糊的饭，轮到做菜时大概更作了一番难。因为这个名曰菜园的地方也根本没有菜，他所能端上桌的，只有一碟拌过酱油的生葱。而据我所想，那只显然是临时充作酱油瓶子的糨糊瓶里所装的酱油，也是特地为我准备的。

我百感交集地吃下了那顿饭。也就是在那天，我学会了吃生葱。

此后，我对任何食物都不挑剔。

调到郑州工作后，年月渐渐好过起来，那时我曾有很长一段时间是在工厂上班。工人都很节约，特别是成家的女工，都不舍得在食堂打饭，中午饭都是自带的。于是，吃中午饭时，各种各样的饭盒摆在一起，真成了"百家饭""十样锦"。虽然大家带的都是粗菜淡饭，但你的尝一口，他的吃一勺，热热闹闹，滋味无穷。记得那时有个姓杨的女工，家里人口多，她又极俭朴，一年到头，饭盒里装的尽是粗粮，几乎从没有过什么荤腥。可朝杨师傅的饭盒里伸筷子的最多。为什么？原来，她带的饭菜，绿的碧绿，嫩的汪嫩，初春是杨叶、榆钱，夏天是槐花、香椿、野韭还有马兰头，秋冬时野菜不那么好找了，可旺季时腌下的、晒干的，吃起来照样满嘴清香！大家一边贪馋，一边夸杨师傅会过日子，杨师傅笑嘻嘻地看着长枪短棒似的筷子，满足得好似被推上了烹调师傅的宝座，于是就极耐心地教大家怎样采集和炮制这些野菜，大家一边听一边吃，唯唯点头，嚼声如乐，可就没有一个人认真去学、去采、去做的。日复一日，年复一年，杨师傅还是乐此不疲地当她的义务"后勤部长"兼烹调师傅，大家依然当菜来张口的"伸筷将军"。

杨师傅和她自制的各种名目的野菜，就这样滋味透鲜地留在了我的味觉里。每到春季回暖时节，一见鹅黄重现柳条抒青，我总情不自禁地想念杨师傅的那个滋味万千的饭盒。

日子到了越发好过的二十世纪八十年代，我已在文联工作。各种邀请渐多，但有一日竟接到"振兴豫菜座谈会"的请柬！赴了会并实际品尝了洋洋洒洒的几十种豫菜后，我才知道河南竟有这么多花样翻新的菜肴。套四宝，是将鹌鹑、鸽子、鸡子、鸭子一只套一只，依次套成一个四宝盘，加上佐料蒸烧而成；金鲤跃龙门，就是选大小适中的黄河鲤鱼，巧杀巧做，怎样配料怎样烧我自然不甚了解，但只见一尾香气扑鼻的鲜鱼端上来你一筷我一筷吃完时那活灵灵的鱼尾还在微颤，那金黄黄的嘴巴还在张合！且不说那滋味如何，单就这种新奇的菜样就把食客给镇住了！那巧变妙法的制作，给皇帝办御膳房我想也不过如此了！

自此，我才知道我们的河南老乡，不但会做菜，而且很会吃菜，不但会做鱼，而且很会吃鱼，而豫菜还是中国几大菜系中叫得很响的一种呢！

前年，我再度赴洛阳参加第13届牡丹花会，会间少不得有几次宴请的大席，我这才知道洛阳请客的大菜通常叫作"水席"。

"水席"真是名副其实。一桌宴席二三十碗流水儿似的端上来，上席的菜，一碗碗都做成连汤带水的形式，于是就显得特别鲜热，吃喝起来呼啦啦一片声响，那气氛那情义就分外浓烈火爆。

看起来，压根儿用不着我们这无用之辈去"振兴"。我的河南乡亲们在恢复了昔日繁荣的同时，早已将中原文化中的饮食文化，发扬光大得令海内外瞩目了。

一九九六年

遥寄菊乡

早就想给内乡寄一封信笺，没料想动笔迟迟，一延误竟是二十余年。

二十余年虽长，感情却如奇异的珠链始终在脑海里熠熠发亮。一九八五年秋天，我应邀与兄长叶鹏在怡爽的秋光中重返内乡，于是，二十余年前的点点滴滴，就被这条珠链穿缀起来……哦，这是去内乡的路吗？像，又不像。道上那滚滚的尘沙，路旁那光秃的土丘哪里去了？内乡，二十余年前，你不光以土气十足的名字，令我这个初嫁的水乡少女大为惊骇，一路上，你还以凛凛寒风漠漠黄土，让我着实地饱尝了风霜之苦。刚从饥馑中熬过来的河南农村，一路行来只有四个字可概括：清冷无边。

从高低起伏的荒野望过去，我初识了内乡的贫瘠；从破篷布遮盖的大卡车上灰头垢脸两膝僵硬地下来，我凄楚又怅然。

呵，内乡，内乡，莫怪我的软弱和惆怅，历史老人在中原大地刻画的一九六二年，是比我的描述还要艰苦严峻的篇章。

哎，我没认错，这正是去内乡的路。可如今，大路两旁是这么丰腴的田野：秋收的绚丽场景还未消隐，冬播的多彩画笔又悄然着色；这一头，未摘尽的花蕾尚在棉株间绽银吐絮，那一边，一棵棵粗壮的棉柴早已起拔。看得出来，忙碌的农人是想叫那垄垄土地早着新装；无边无际的麦田，一垄垄刚出苗的冬麦青郁郁地泛着油光，像一块硕大无朋的天鹅绒，坦坦荡荡地铺展开来，那样柔软，那样美丽，诱得你直想躺在上面打滚，诱得你直想放开喉咙大吼两句梆子或越调！

眼前的路，是平平展展的柏油路。载货的"解放"牌汽车和载人的客车，川流不息，漂漂亮亮的小"面包"和各种牌号的小轿车竞相奔逐，好一条五彩缤纷热热闹闹的大马路！马路中间，还不时响起拖拉机和摩托车的轰鸣声，嘿！还用问谁是主人吗？只要看看驾驶员那脸面模样，只要看看那神气昂昂的架势，那摩托车，那拖拉机，当然是驾车人"自己的"！

我当然相信内乡会变的，斗转星移二十余载，内乡能不变吗？可我没想到内乡竟变得这么好！光是进城的大路，光是城外的原野，内乡就向我呈现了如此迷人的新貌。

这是内乡的街吗？不，不像。内乡，你的街，我记得。那时只有东边和北边两向，略有集市的模样，西、南两边没有半个摊点。记得当时整个县城白天冷冷清清，一到晚上就黑咕隆咚。街中心那两间转角小平房，是唯一的"百货公司"；街那头，有几辆卖红薯的架子车和一挂卖羊肉的秤钩，就算是大市面。哦，内乡，我曾记得在那些生病的日子里，在那空空荡荡的街上走过来又走过去，希望找到一点儿可以下咽的东西，但又不得不一次次地失望而归；曾记得我因顿顿都喝玉米糁掺红薯呕吐反胃，学生为了给我找熬粥的大米怎样爬坡过沟连夜走了二十五里，才捧回来一把米渣似的大米……

哦，没有错，这就是内乡的街。你诧异这一幢幢赫然耸立的大楼吗？你奇怪这各式各样的高层建筑把原先的那两间"百货公司"衬得也成了不起眼的小货摊吗？是的，是的，这些高楼大厦是唯恐在现在的年月里太迟慢，才东一幢西一幢慌慌张张地拔地而起。无暇久久驻足，不及细细观览，如梭子度纬，如燕子剪柳，我收不住匆忙的脚步，直扑二十余年前的住地——内乡高中。

忘天忘地，我忘不了儿时的故乡；忘天忘地，我忘不了"内高"这个没围墙的校园——那排矮趴趴的原作为教工宿舍的平房虽然极为寻常，可那儿有半间小屋曾是我的"新房"。我在那里住了半年，那扇没油漆的木门，那个可放置煤油灯的窗台，那歪三扭四的檩条撑着席箔的房顶，甚至连门口那块凹凸不平的砖石，都曾在我梦境中一次次地出现。

咦，这哪是"内高"的校园？呵，莫怪我归燕不识旧画梁，你看这气派十足的大门，你看这修筑整齐的新围墙，你看这几幢新崭崭的教学大楼，都是这样敞亮堂皇。宽阔的大操场，能开千人运动会；幽静的校园小花圃，一丛丛争妍斗俏的墨魁粉莲，正竞相开放……呵，怪不得"内高"的升学率年年名列榜首，撇开老师们的努力不说，一个宁静幽美的校园，对于悉心攻读的学生，无疑是个理想的地方。

呵，那排平房还在，那半间小屋还在！据说它们也将要被拆除，可我居然还赶得上再看一眼它的旧迹。呵，低矮的门楣依旧，小格窗的窗扉依旧，连房顶也仍是歪歪的，那檩条，那依然露着灰黑的席箔。哦，小屋，我的新房！

伫立在屋子中央，我恋恋四顾，细细寻觅，热浪在心头奔涌，泪花不时涌上眼眶……哦，这糊在土墙上的报纸，是否还是我当年歪着头读过的那张？这遗忘在窗台上的一个煤油灯"火口"，是不是粗心的主人因离去匆匆将它遗忘？不，不会，怎么会是呢？明明知道这些联想荒唐，我却没法不想。二十余年来，我到过天南海北，城市、边陲，也见识过东方西方、海内海外的大都会，我忘却了许多繁华热闹，忘记了许多秀山丽水，却断断不能忘怀这里的一切。就因为，泥墙陋室叫我这不在册的学生倍加用功。就因为伴着煤油灯的夜半苦读，我才那样发狂地吸吮"营养"；我忘不了在这儿看过的每一本书，也忘不了在这间小屋的窗下，我写的第一篇以北方乡村为背景的小说——《春倩的心事》出现在家乡的《东海》杂志上……

漫步校园，我细细寻觅，逐一怀想。我想把这里的小树都抚摸一遍，我想把每一条小径都走上一遭，我还想对这里的每一位教师和同学都道一声"你好"！哦，树已非当年的树，路也不是当年的路，迎面而来的也全是不认识的年轻的笑脸，可是，我的视觉却出现了错乱，眼前的全是二十余年前的景象：那每每一到黄昏就端着煤油灯齐集教研室备课的老师，那每每一到星期日晚上就背来满满一兜红薯面馍做干粮的学生；老师们眼里常挂的红血丝和身披的臃肿老棉袄，学生们那冻得赤红的小腿肚和裤腿上星星点点的泥巴。还有那班早早晚晚帮我绞井水又跟我拉家常的伙房大师傅和那几个常常偷偷在我抽屉里塞上一块红薯和一把小米的女学生……哦，正是由于这些不是乡亲的乡亲，再苦涩的生活也觉得清冽甘甜，正是由于他们和她们，我觉得和当教师的丈夫即使同住小窝棚也无比幸福。呵，我在这里接受了那么多的友情、那么多的爱，所以，我才觉得这笔感情债欠得太久太久，还得太迟太迟……

操场上，一千多双乌亮的眼睛对准了我，热情的主人——我当年的邻居，"内高"的校长要我对全校师生讲话。

天公助兴，下起了阵雨，滴滴雨珠恰如喜泪飞溅；秋光赏客，操场周围那一盆盆烂漫的菊花，香气袭人。我讲着，但我不知道都讲了些什么，只任感情的潮水泛滥，只任它和着这密密雨帘倾泻而出……泪眼蒙眬中匆匆结束，哦，真糟，我大概又漏掉了许多该说又没说的话！

是的，我还应该讲，我忘不了内乡，就因为它是菊花的故乡。菊花是我最喜欢的花卉之一，它清高的品格，它傲霜的英姿，都曾以最生动的形态启示我在艰难困厄中不甘沉沦，启示我越是身处逆境越要奋发图强。

看来，我能补偿的只有手中的笔。所以，我要寄回这封迟寄的信笺，携着我的拳拳心，携着我的不了情，酬报菊乡果我之腹、暖我之心的父老乡亲，酬报菊乡那流香吐馥的金盏银台。

一九九六年

也说煽情

这年头，新名词数不胜数，于是，我这个接受新事物能力较差特别在新名词的记忆上忘性很大的人，常会对着报纸、杂志层出不穷的新词发呆，呆着时就为自己的孤陋寡闻难为情。如果不是年龄不饶人，愚钝不可救，真想去个什么"新时代语汇学校"好好补一补这门课。

比如说"煽情"这个词，照理说不是什么新词，可是，我直到不久前才对它有所体会。

那是在洛阳参加牡丹花会以后。

四月间我应邀去赴洛阳的第13届牡丹花会，纯粹由于第二故乡的号召力。因为，我并非第一次领略花会的盛况。早在第1届花会时，我就曾对那人看花、花看人、人挤人的热闹景象表示惊叹，若说为看花，那么，四月的杭州更是姹紫嫣红，"花港"的牡丹园，无论布局还是品种，都可使情有独钟的赏花人倾心不已。话虽如此说，我还是去了。此行不为牡丹醉，只为亲情入洛中。毕竟，阔别中原，离开我的第二故乡，已经九年了。

人的感情就是怪。在河南时，哪怕听到一声乡音，就如暑天喝冰水般舒坦，一回浙江，又特别愿意听到来自河南的消息，说实在的，这次兴冲冲回去，就是为了再听听"俺""恁""中中中"的话腔，就是为了捧一捧那埋得住小孩头的大海碗，喝喝那让人鼻子尖冒汗的胡辣汤……

五年前没有看到庙会的遗憾，这次终于得到了补偿。庙会的举办者为我们这些客人举行了专场演出，于是，我饱尝了那些极有生活情味的节目，尤其是那两场由不同团队表演的"河洛大鼓"，更是名不虚传！

这两支团队的确切名字我已想不起来了，反正是河洛地区的村社，好像也都沾了个"龙"字。相同的是，这些为牡丹花会助兴的民间表演团体，均是自愿参加，不收任何报酬；另外，因表演者全是该地村民并且河洛大鼓是源远流长的传统节目，所以绝不存在谁侵犯谁的版权问题；不同的是，这两支团队，一支是清一色的膀大腰圆的男子汉，另一支却是女娇娃唱主角——擂鼓手、铙钹手全是女的，而为之伴奏音乐——吹唢呐、竹笙的，却是几个须眉皆白的老大爷。

不是我出于同性便偏心，而是那支娘子军团队确实比男子汉们还英武。只见她们头戴英雄巾，腰扎宽板带，手脖一副红箭袖，脚上一双朝山靴；张张脸蛋儿搽得油红粉白，浓眉下的大眼乌溜溜打转，只见令旗一挥，虎彪彪一行人马喇喇上场，还未开擂，只这气势就夺人三分！只听密密的一阵鼓点，似千军万马踏雷而来，大铙钹哗的一声号令，那威风震耳的鼓声顿时大作，坐在看台上的我们，只觉得一颗心跃跃欲出胸膛，面前的白龙、黄龙，龙腾虎跃，卷起了一阵阵黄白相交的狂飙，自己也置身在千军万马的战场，恨不得立即就擒他个敌酋贼寇，闹他个人仰马翻。

一会儿，那变化的鼓阵，忽又变成了俏皮的狂欢台。只见那几十位比男儿还男儿的女英豪，忽而倒仰着身子擂，忽而又侧着腰肢擂，忽而又将手中的鼓槌高高抛起，扔给对角，对角就绕着花儿接，霎时，只见满天的鼓槌争相飞舞，一会儿又全都笃笃地落在了对角手里；

那鼓声是只紧不松，那乐声也是又欢又闹。只这一会儿，便把万千观众的心给搅得如水涨秋池，只这一会儿，便把大家的心绪给鼓得按捺不住。也就是这一会儿，我从形到意明白了"鼓舞"这个词！还就是这一会儿，我想起了另一个词：煽情。的确，河洛地区的这些农民，这些很可能不懂什么时髦新名词的农民，他们用来自生活的真情实感，用得自生活的质朴意识，把一种饱满的情绪，传递得多么热烈，把生活的欢情，煽得多么红火。

可敬可佩哉，我的河南父老乡亲！

一九九五年

又见开封

我从杭州来开封，感觉就像回娘家。

眼前是曾经熟悉而又陌生的景象：这透着新秋气象的庄稼和大地，这绿荫如伞的行道树和远比杭州宽阔的马路，这拔地而起鳞次栉比的高楼和大厦……

这是我阔别二十一年的第二故乡吗？

是，当然是。是河南，是俺的河南，是有着俺许许多多朋友的河南，是有着郑州、开封、洛阳、安阳、南阳、信阳等许许多多城市的河南……是魂牵梦萦几十年至今未曾忘怀的河南！

是，当然是。是河南，这是俺河南的开封，这是曾经叫我兴奋赞叹、痴情凝望过的古都，是我以"汴京的星河"为题纵情描绘过的开封啊！

缘分是如今的热门词。也许我太看重了它，因此对那些刚见面就说缘分的轻率语气，反倒心生疑惑。因为我觉着这是个在心里生根轻易不肯与人言的字眼，这是一旦道出就不由得两眼含泪、心尖微颤、浑身发热的字眼，这是通常只在夜深人静时，才会在心底启封呼唤的情愫心语呵！

四十五年前，被命运的丝绳所牵，我在中原大地度过了整整二十四年。二十四年，八千七百六十个日夜，那是午水风来、金鸡月上的日日夜夜，且不说对包括了开封在内诸多地方的因熟稔而生的亲情，也不说与中原大地父老乡亲度过了这许多日月的打断骨头连着筋的半辈子厚谊，单从地域历史上说，开封、杭州这两地，本来就是情分相牵、地缘相切、扯连着百姓大众、联结着你你我我的姐妹城哪！

从得识开封起，我就从心底敬重它的历史和曾经的荣耀，翻阅开封那绣龙绘凤的历史册页，我觉着一图一文都体现着古色；阅读开封的诗词楹联，我更感到每字每行都透着古香。

因此，我再识开封的第一词语还是："古老"。

二千七百年，这是明明白白铭记在史籍中的数字。但是，开封鲜明生动地跃然于我们脑海心间的，却是那些镌刻着殷商、西周的钟鼎铭文，是那座刚峭巍峨、傲然天地的铁塔和敦厚如山高台诵经的繁塔，是凝聚了七朝荣华的龙亭大殿，是荟萃了古都艺术的汴绣，是呈现着千秋精华的碑林和脍炙人口的美食……

开封的历史，在典籍的记载中曾经辉煌一时，但在相当一段时期，却像未被得识的一位美人，埋没在高山深谷，更像一位被时世冷落的垂垂老者，只在少数历史学家和文人的凝视中沉默地徘徊蹀躞。

遥知黄河源头远，独教开封灵气多。开封毕竟是开封，开封毕竟是曾经天子脚下的城郭，和中原大地所有名城一样，这个曾经名曰"启封"的都城，越尽千年风霜漫漫蹀躞地行来，终究还是特色的威风锣鼓为她真正喝道"启封"，总归还是改革开放的顺时东风催得她生机焕然。于是，"忽如一夜春风来，千树万树梨花开"，这个又曾经名曰"汴梁""东京"的古都，哗地一下脱去了陈旧的青衣小帽，哗地一下掀开了遮颜的面纱，于是，就像娉娉婷婷、风姿绰约的美人，从黄河的波光涛影中跃然而出，只显得更加出类拔萃，只显得更加容光焕发；开封更像一位雍容大度的长者，早已不再心浮气躁，她气定神闲、从容不迫地用手中那根传承了两千多年的智慧手杖，巧借时代的春风，一一点化了她自身的从古到今的文化光彩！

文化是民族的灵魂、城市的灵魂，也是这个地方经济能否持续发展最内在的要素。要识开封，就得先识她的文化；再识开封，更得细细品啜她的文化和敬识创造文化的人。

今天，我这个曾经与她缘分深深却又一度疏离的迟到者，满怀一份歉意，再添一层敬仰，虔诚地从头再识这位长者。

"用眼睛观察古城，用心灵感知开封"——中国作协采风团为作家们营造的就是这样的机会，这两句直白的表意，在我这个当河南不是故乡胜似故乡的人听来，字字句句都显得情真意切。于是，情真意切的我们，各个从天路云程中飞抵，一起来从头敬识开封。

五天的访问，不长也不短，开封于我们的馈赠，就像中原的高山黄土一样厚重。这厚重，在于开封为我们倾心又倾情地敞开了迎客之门，在于她殷勤而周到备至地对待来自四面八方的亲朋旧友；这厚重，更在于开封对大家的开诚布公，极有"放鹤去寻三岛客，任人来看四时花"的豪放情怀。

于是，从踏进开封的第一步起，我就感到自己不是在采风而是在重访旧友，不是蜻蜓点水地游览而是又一次回了老家。

回家所见第一眼物事，便是在我们面前徐徐展开的长卷《清明上河图》。

我们今天所看到的，是更曲折的"卷"，更鲜活的"图"。

声震四方的威风锣鼓，是在迎宾门前被浓须长髯的包公所率领的一群虎虎有生气的后生小伙敲响的，这古老欢快的大公园的幽远而又蓬勃的祥瑞之气，是随着宾朋游客的脚步渐行渐浓的：当今天的开封，以如此恢宏的开篇诠释着曾经是启封、汴梁、东京的风俗景观、艺术而又家常地将它衍化为百姓大众所喜闻乐游的大型公园——清明上河园时，我们不由得更加感念张择端，这位椽笔纵横的画师不仅在从前，就是在当代，也是功莫大焉！

"一朝步入画卷，一日梦回千年"是清明上河园的简洁诠释，也是在开封街头随处可见的广告语。清明上河园这个大公园所凸显所涵盖的，不仅是开封历史风貌、风俗景观的生动洒脱。其三步一岗的内容，更有与当下百姓大众心理相接的人文关怀。所以，它成功了。这成功，不仅体现在游客总如过江之鲫的盛况，体现在有众多海内外媒体的赞美和激赏，更体现在开园至今仍然很具吸引回头客的魅力。说到这里，我也忍不住来个"现身说法"：此园开园之初，因山东菏泽一项文事活动的安排，我曾随大队人马来此观光，虽然来去匆匆，却是观感大好、印象深刻。说实在的，像我等这把年纪，又有过山南海北的游踪，通常不大会对一个景观有一看再看的兴趣，我之所以对开封的这个园子乐此不疲地不乏再看的兴趣，就因为它有既高雅又市井的魅力。清明上河园的成功，除了上述因素外，还因为它的总体构思。虽是由长卷《清明上河图》"衍化"而来，但"衍化"得极有创意。更值得称道的是，这"物化"了的长卷，古东京、老汴梁那些"原汁原味"的神韵宛在，生动依旧。在游客眼中，无论是有着"故事情节"的或水上或陆地的表演，还是随地而生、随处可见的诸如高跷、喷火、斗鸡的游艺逗乐，特别是织布、绣花、剪纸、刻石等更加有趣虽然不过是民间百姓的才艺展示，但因了游客随时可参与的互动，就会使人觉着身在其中、乐在其中的无比新鲜。

不怕不识货，就怕货比货。就这一点来说，我倒觉得创始得比清明上河园更早的杭州"宋城"，虽然场地也不小，现代科技手段比清明上河园运用得更多也更巧妙,但从内涵来说却乏善可陈。因此不少人认为它只是巧挂历史之名,实则是单纯的"游玩城",在烘托文化氛围和契合古今角度上,实在要比清明上河园逊色多了。

所以,我觉得开封清明上河园的成功,是因为创意者牢牢把住了历史的文脉,握住了寓文化于娱乐的核心,所以,它既经得起有识之士眼光苛刻的考量,也迎合了百姓大众的喜闻乐见。

关于清明上河园的主题创意、布局结构以及规模效应等优胜之处,由河南大学所编的一套旅游文化著述已道其详,其间作家高树田的一篇《开封赋》,更有画龙点睛之功。我之所以在开封开卷的第一眼便触及了视觉的兴奋点,就是因为从古往的《清明上河图》到今天的清明上河园,恰恰应合了我赞美开封文化的第二个词语:厚重。

为开封的文化再添厚重风采的,自然不只是这座清明上河园,那收藏了许多珍贵文物的延庆观,那坐落于市中心的皇家佛刹相国寺,那无限沧桑的禹王台和为纪念盲乐师师旷所建的吹台……都是开封文化的"大气"。

开封文化之丰富多彩,绝非三言两语可以概括,欲探斯道源头,就是缘于她的古老和厚重。

我在"又见开封"的五日悠游中,再度深深触及灵魂之处,是在与开封相近相挨的兰考。

初次得识与开封相挨相近的兰考,缘于它的灾情与苦难。没来兰考前便牢记了与兰考息息相关的两个字:风沙。曾记得第一次到河南,火车首先经过的,便是豫东的兰考。车厢外的萧索景象、火车旁衣衫褴褛满面尘灰的灾民,无不烙着强烈的苦难印记,更记得在中原大地落脚后多次到访兰考,在装满灾情与苦难的记忆仓库中,千撮万扫扫不掉的还是这两个词：风沙和贫穷！

风沙的兰考，贫穷的兰考！

脑海里再次掀起有关兰考的冲天巨浪的，却是一个至今依然光彩熠熠的名字：焦裕禄。

焦裕禄是山东人，他在兰考的工作时间只有一年半，可我和所有的河南乡亲一样，更愿意将他看成是我们河南人，兰考人。世上许多非凡的建树不能以时间论短长，历史上许多惊人的业绩有的也是在"瞬间"完成的。第一次从报纸上得悉焦裕禄这个名字时，他瘦削的身影牢牢定格在我们脑海里的是"县委书记的好榜样"。当年，焦裕禄这个名字如鼙鼓、如军号，他惊醒的，当然不只是县委书记的良知和干劲儿。

时间的车轮前进了半个世纪，焦裕禄这个名字不仅没有被岁月风化，反而如火中真金愈见光彩，人格大写的焦裕禄，是人民公仆的典范，也是实践"以人为本"的真正共产党人。我总觉得，焦裕禄最感动我们的，不单单是那把被硬物顶出了破洞的藤椅，不单单是他如何身体力行地带领兰考人民栽泡桐战风沙，不单单是他艰苦朴素坚持工作到最后一息的精神品格，更是他身上透现的彻底的人性，是他雪夜来到破衣薄衾的老饲养员家、被对方热泪滚滚地称为比亲儿子还亲的人的那一幕！

每每一写"焦裕禄"这三个大字，我总不由得思绪万千，不由得忆及当年的电影《焦裕禄》所带给我们的再次的精神震撼，电影《焦裕禄》的成功，就在于它质朴而毫无矫饰地再现了焦裕禄的人生，也是当年，我在那篇含泪写下的千字影评中，不假思索写下了题名《大哉，焦裕禄！》。后来，我对演员李雪健深怀近乎崇敬的好感，就是因为他质朴而出色地扮演了焦裕禄！

焦裕禄的事迹，是给所有的共产党员和国家干部的一次最强烈最有效的精神洗礼，焦裕禄精神的价值，就像如今耸立在兰考公园里的那棵他手植的历经四十年风雨至今已成参天大树的泡桐一样，硕大无朋、浓荫如盖，当精神力量被认同、被激发、被潜移默化为巨大的效应后，真应和了后来的又一名言：榜样的力量是无穷的。因此，我们看到了整个兰考所承载、所得益的，就是焦裕禄的精神，此地后人所歆享的，也不仅仅是如今遍地栽培的泡桐所产生的经济效益，而是更多可触可见的成果。因此，当我们亲眼看见如今的兰考早已将那些可怕的沙丘化为泡桐的遍地阴凉儿时，当我们在两家用泡桐材质制作的乐器厂尽情参观，聆听那厂家乐队用自制的大阮、小阮、琵琶、古筝动情地演奏《步步高》时，我总觉得，在我们这些眉开眼笑的听众中，一定还有一位隐身的永远的听众，那就是焦裕禄！

于是，当离别焦裕禄纪念馆时，我又一次不假思索地在纪念册上写下了：“大哉，焦裕禄！壮哉，泡桐树！”

所有奇迹的产生，都来自人，开封兰考的新气象，足以说明开封人民的勤劳质朴。勤劳质朴，是我再识开封的又一个切切的“认定”。勤劳质朴的同义词和相关词，应该是大音希声、大象无形。

是的，勤劳质朴，是中原人民最基本的品质，古老厚重则是包括了开封在内的中原文化的品质，而古老厚重与勤劳质朴如此相挨相近，就像深渊和大鱼不可分离，就像大地和林木必然相生相依一样。

二〇〇八年

汴京的星河

孩提时，有许多美丽的憧憬，天真的梦。当这些憧憬过于热切梦幻、过于频繁时，竟很有点真假莫辨，把原来十分虚幻的情景，也视之为有朝一日终会遂愿的现实了。

那时，我最喜欢看天上的星河。夏夜仰望那缀满星星的夜空，我会几个小时地坐对夜空发痴，小脑瓜儿里整个儿盘旋着关于星星月亮的种种神话传说。于是，我总相信月宫里的嫦娥，早晚有一天会从那影影绰绰的桂花树下飘飘走出，而那璀璨的星星呢，一定是那些调皮的小仙女随意抛撒的宝石珠贝。那时，我很想什么时候飞上天去，抓住天幕的一角轻轻一抖，让这些明亮得耀眼的珠宝纷纷飞落下来，穿过云端，落到人间，直落到我故乡的芳草地……是呵，我不甘心，我不甘心老是只能在故乡的小河中，看见它们那瑰丽无比的倒影……

傻念头想过万万千，荒唐梦做了许许多多，我却从不以为可笑，倒觉得这些记忆，永远像蜜汁一样醇甜。

大概就因为这颗未泯的童心吧，一些别人认为是不算稀奇的事，在我，却总要兴奋得大喊大叫。

现在，我就又想叫喊了：最近，我真的看见了天上落下的星河——明亮得耀眼的珠宝。

那是在汴京——开封。这个赫赫有名的宋代京都汴梁城，果真又一次牵下了天上的星河。

身居中原二十年，我却未曾造访过开封。我只是在宋人话本中得识过汴梁的盛世繁华，只是在《梦华录》和北宋文人的诗词中，揣想过东京的灯宵月夕。因此，这次能亲睹这有悠久传统的元宵灯会，便觉得十分新奇和庆幸。

素享盛誉的汴京，果不负人愿。在月华皎皎的元宵节，它再次以花光满路千门如昼的姿颜，呈现了它非同寻常的辉煌。

非是我这个初来乍到的外来客言辞夸大，我总觉得在汴京看灯会，别有一番意趣，在灯会中看汴京，别有一番别处难以得见的古城神韵和京都风光。

这种独特的新奇有趣的感觉缘何而来？是因了那些盏灯，也因了那看灯的人，也因了那挂灯的街。

先说那街。

几日逗留，我没来得及把这个古城的大街小巷都走个遍，就落脚的这条街，我已发觉了一种古今相映的对比情趣。

这条街的马路并不宽，路这厢，无一例外地随着城市现代文明清风的吹拂，高高耸立起一幢幢四层五层的大楼，大楼的阳台上，也都依依排出几盆经霜耐寒的花草，开封街道树木稀少，因此，这几盆花草，就很有争妍斗俏的盎然春趣。路那厢呢，则一色是旧式的翘檐砖房，屋宇虽不高朗，但大多保留了明清建筑风味的木柱木门木栅，特别是那雕镂朱漆的木窗棂，很能叫人想起"狮子楼"，想起白话小说中所写的布衣小帽的"市井人家"，甚至连门口那长垂的竹帘儿一动，你都会蓦然一惊：是要走出一位肩搭长巾抹了点白粉的"酒保"，还是珠钗满头罗裙曳地的"女娇娃"……

且说那人。

也许正月正是"闲月"吧，不大的汴京城竟拥集了这么多的"闲人"。

紧挨着相国寺的小商品市场，设在一条长而又长的窄巷内，天天人头攒动，熙来攘往，那琳琅满目的小摊和形形色色的顾客，还真像升平鼎盛的北宋"相国寺万姓交易"的盛况呢！那儿，摆着那么多卖各色小吃的食摊，香气四溢，烟雾腾腾，碗盏叮咚，吆声大作。那个素享盛名的"第一楼"，更是整日顾客盈门，座无虚席，这一切，不也大有向以时令小吃著称天下的汴京城遗风吗？但是，我晓得，这盛况，这胜景，前些年是断断没有的，假如没有新经济政策带来的繁荣，一向贫寒的豫东农民，能这样衣帽鲜亮亮、脸上油光光地率领举家老小来开封大饱眼福和口福吗？

今年，到开封游逛的人特别多，游逛的最主要目的，就是来观灯。

再说那灯。

我们抵达之时，虽是正午，却见鼓楼、龙亭这些主要街区，俱已"东风夜放花千树"了。

说也怪，越盼淡月胧明，偏偏日落迟迟，待挨得黄昏近，笑语喧，好心的主人却又劝阻道："此时去观灯，保准你们挨都挨不到跟前！"

纵然心急难耐，也只好耐下心来，远远地站在门口，放眼眺望长街，果然是人潮滚滚，黑压压一片。虽未亲临，可是一阵阵传来的欢声笑浪，越发叫人心痒痒得如痴如醉了。

好容易等到了"灯火阑珊"时。哦，这话儿也许不算准确——已是夜露生凉、月横中天了，兴致浓浓的观灯人，还是一簇簇一队队的蜂拥不绝，而现在的灯，一律用电灯泡取代了蜡烛，自然是燃到天明也绝不会零落的。不过，不管怎样，我们总算挨到了可以挤上去的份了。

汴京城名不虚传，而汴京人也果有奇术异能！你看那一盏盏巧夺天工的彩灯，真个是收尽了祥云五色荧煌炫转，那千百盏争奇斗俏的灯，一一地在当街密密地排列开来，交相辉映，金碧四射。近近地看，真是千姿百态，大放光华，直叫人眼花缭乱；远远地望，只见高高低低，五颜六色，飞旋流转，闪闪烁烁，道它是银河垂地，一点儿也不夸张。不信的话，此时你抬头望望中天，平日如练的素月，也悄然失色，端端地消淡了许多光华。

古人观灯，只能欣赏那奇巧百端的扎灯技艺，点的是蜡烛，糊的是绢纸，纵然天工巧夺，也难经风吹雪打；而今的灯，有了科学技术的辅助，自然更加高明，你看那象征“四化”的腾跃而起的奔马浑身通亮，那纵马奔驰的勇士目光如炬，不就仰仗了一颗颗大电珠吗？你看那极为有趣的能与人“对话”的机器娃娃，不也靠的是电子声控吗？最惹人喜爱的“七品芝麻官”，如果不是电气机械的帮忙，那只滚烫烫的小茶壶，就绝对送不到他嘴边，那把大书“为民作主”的大扇子，他也难挥摇自如哪！

呵，怪不得，所有的看灯人都不恋恋于那些只有光色、只亮不转的小灯，却把以上那些巨大的既有传统技巧又有现代化象征的新鲜有趣的大转灯，密匝匝地围了个水泄不通。

一点儿不错，尽管灯节是古老传统，但人，毕竟是二十世纪八十年代的人，现代人最仰慕的还是科学技术现代文明啊！

兴尽欲归时，在长街的拐角处，却又见到了一幅叫我怦然心动的景象——一间小木楼的门窗呀的一声启开，一根长竿软软地伸将出来，竹竿头上，滴溜溜地悬了一盏八角宫灯，那宫灯虽小，款式却玲珑剔透，做工也极精致细巧。一时间，我没看清灯壁上那悠悠旋转的花卉图样，只觉得像飘过去一簇飞花、一团流云……显然，这不属于大街上那些为比赛、为灯展而扎的灯，而灯的主人，偏偏独出心裁地制作了它，又悄悄地挂出来供行人观赏，恐怕只是为了传达心中那不尽的欢乐和无限的诗情吧？

我看得呆了，循了那挑灯的手望去，恍恍的灯影下，只见是一个穿猩红雪衫的姑娘，许是那衣衫太红，那灯光太朦胧了，我看不清姑娘的眉眼儿，只见她那笑盈盈的脸蛋儿，被身上那件红衫、手中的那盏红灯，映照成了一团艳艳的红云……

那红云，那灯影，久久地晃在我的眼前，直伴着我进入梦境。

午夜，我果然重温了少年时的梦——我见那闪闪烁烁的星星，都从天河里飞溅下来，变成了"灯雨"，洒落在汴京城……

月明如雪照秋花

西子湖畔依然草木葱茏,玉皇山下依然秋色斑斓,匆忙中一点儿未觉秋去冬来,某日忽然得闻:河南已下小雪。

我兀地一呆,心潮突然澎湃起来,这才想起我已离开河南,这才真正意识到我已别了中原大地。

长期厮守,不觉得丝毫新鲜,一旦离去,山山水水,一景一物,都成了最宝贵的回忆。人走时,只觉得山表恋意,水含别情,这也难割,那也难舍,若不是硬起心肠顿脚一走,只怕是到不了十里长亭就得回头!

人虽走了心未走,一封来信,几句闲话,都会搅起千般牵挂、万种情思,哪怕从前只是淡淡之交,哪怕从前只是稍作逗留。此时的我,淡淡交情也会变浓,偶经之地也亲若故土;此时的我,恨不得把千般思念、万般怀想,都化作对中原父老的衷心问候!

今天的一封飞鸿又使我沉入遐思,它翩翩来自驻马店。

驻马店在中原大地虽只是小小一方,我在驻马店停留也不过短短几天,但我对这个不算陌生也不算熟悉的地方,却有别样的情怀。

我未曾认真考察过她的历史,但是她的名字,却给了我一种启迪,我感觉到了她的久远的文化和她的古老传说。这让我不能不肃然起敬。就凭她的名字,我也不能不顿生喜悦,因为我属马,我喜欢马,我对与 "马" 沾边的一切事物,总有一种莫名其妙的好感。

　　驻马店应该是个物华人丰、人见人夸的好地方，驻马店的小磨油香飘千里，驻马店的豆腐皮薄如蝉翼，但是，驻马店闻名在外的，却不仅仅是这些。由于历史和地理的原因，驻马店常闹水灾，一与"洪水"两字沾边，驻马店就带上了不幸的色彩。

　　我清楚地记得往驻马店去时火车经过的大地。车窗外，一片无边无际的红高粱和秋玉米，在苍凉的秋风里，挺着绿莹莹的秆子，扬着红火火的穗穗。我知道，那年驻马店又遭水灾，秋雨发了疯似的下了七天七夜，激发了暴涨的湖水……就在庄稼地的边上，我看见不止一棵歪倒的小树，但是，那大片的高粱和玉米，仍然不屈地挺立着，望着已经退去的洪水，它们骄傲地喷吐着如火的穗穗。

　　我还记得住过的旅馆，宽敞的房间，崭新的被褥，可是，探窗望一望对面的山墙，我的心却像被什么戳着了似的：苍黑的山墙墙裙如画——一道道似波似浪的花纹弯弯曲曲，分明地标识着洪水淹过的痕迹。

　　多灾多难的驻马店！不屈不挠的驻马店！

　　人都说驻马店害于水也利于水。但是，水给我的感觉是那么亲近。从小在水乡长大的我，最熟悉最爱恋弯弯的小河、清亮亮的水。但是，到了驻马店，我才知道了水的概念并不那么简单；到了薄山水库，我才明白了驻马店的喜悲，为什么全在于水。

　　我记得，一到堤岸，我曾怎样地目瞪口呆：好一个汪洋如海的薄山水库！神色安闲的主人却说，这有什么，这个水库在我们地区，还不是最大的。

　　尽管如此，它已让我惊叹连连了。一条机帆船，从汪洋如海的水库这头开出去，"突突突""突突突"，悠悠荡荡地到了"海"中央。这边的堤岸，只成了一条黑线，那边的杨树，也只望得着树尖。眼前晃荡的，只是一片茫茫的水，只是一片幽深的半蓝半绿的水。

那水虽然不似大海汹涌，却也泛着波浪；如铧的船头，犁开了蓝，犁开了绿，只见那蓝蓝绿绿的水浪，一碰上它，便化作串串珍珠，雨滴般地撒在船舱上面⋯⋯

船儿去，船儿回。归程中，像是有意为我们的造访增加意趣。几条银亮亮的大鱼，竟跃出了水面！

鱼跃出水是好兆头，笑呵呵的主人接着又告诉我，这个水库在何时兴造，现在能蓄多少立方水，养着多少淡水鱼，每年又能给水库带来多少盈利⋯⋯我不断点头，嗯嗯呀呀地听，我知道自己这脑瓜，从来记不住数字。但是，有一点儿我不用记也忘不了：薄山水库既浩荡又秀媚！一见它，我就止不住喜气洋洋；一见它，我就觉得像回到我那山青水绿的家乡！

面貌似我家乡，派头也似我家乡，水深鱼肥的薄山水库，待客也和我家乡一样：端上饭来，是鱼；端上菜来，还是鱼！这儿做鱼，用不着油盐酱醋，清烧白煮就满屋喷香，在这儿吃鱼，不是尝个一条半条，而是用大海碗盛、大瓷盆端，在这儿吃鱼，你根本想不起还要吃饭！

辞了薄山，又走宿鸭湖。宿鸭湖的辽阔，自然更不待言，汽车在堤上开了好久好久，笑嘻嘻的主人却说六十里长堤，还没走完一半⋯⋯

宿鸭湖水库是如此浩大，行在水库边上，只见长长的堤，只见密密的树，你简直丝毫觉察不出自己是走在水库边；宿鸭湖水是如此壮阔，放眼望去，你以为是临鄱阳，濒洞庭，只觉得这片白茫茫的水，无边无沿，浩浩渺渺，真如从天上泻下来的！

因为迫在眉睫的防汛工作，大家都在紧张地忙碌着，所有的船只都严加控制，不是特殊需要，不能下湖，我未能目睹宿鸭湖的全貌，更未亲见防汛抗洪时的艰险。因此，我只能把这一场场英勇的搏斗，都留给丰富的想象。据说，防汛抗洪在宿鸭湖，年年都是家常便饭。面对如此浩大的水势，完全可以想见这里的人们，都是怎样的英雄好汉。大自然这个巨人，真是又慈祥又严峻，它把如此浩瀚的水源赐给了驻马店，却又迫使这里的人们，铸就一副钢筋铁骨，年年枕戈待旦，筑起一道道防洪的钢铁长城！

我在驻马店，来也匆匆，去也匆匆，我来不及细细察考，也未曾特意采访，但是，这匆匆一瞥，已使我过目不忘；我知道了驻马店有着怎样如诗如画的山川，有着怎样不屈不挠、勤朴如斯的人民。

深深的感动，伴随着我走过驻马店的一寸寸土地；滚滚的热泪，洒落在这杨靖宇的故乡，我在杨将军的故居，屏声静息，久久流连，为的是一行行、一字字地读懂气吞山河的英雄篇章。

一九八六年

争春最是洛阳花

从豫东大平原匆忙归来，未及拂去一路风霜，照例先翻看一下台历，喔嗬，又到了年底！

真不敢相信岁月流逝得这么快。孩提时最盼过年，年轻时也最喜过年。但新年的步履总是那么迟缓滞重，不慌不忙，盼得人好不心痒难耐。

但现在，岁岁年年，年年岁岁，日子倏忽就过了，快得让你来不及顾盼，快得让你无暇细想；日子就像脱缰的骏马，奔腾而去。我只能从它的蹄影中，察知自己也往"老"上走，因此，我窥见数茎白发已羼入青丝，几缕皱纹已爬上颜面。

尽管如此，我倒不过分惆怅。人总是要老的，岁月总是要更新的，何况这几年，大家的日子总归是渐渐地好了，好日子过得特别快当，这难道不该令人欢欣吗？

生活总不辜负人。今春到今冬，我以还算勤快的双腿，跑了中原大地东、西、南的几个地区及若干个县。商丘、洛阳、周口，这三个地区，除洛阳我较熟稔外，其余都是初访。奇怪的是，这些个地方，状貌有别，山水各异，可是，"地气"却是一样的，那就是"热"！从春到冬，我无不感到这股氤氲的热气在中原大地腾腾漫涨。

也许是今春在洛阳市牡丹花会的盛况给我的印象太深刻，也许是之后在洛阳地区临汝县的采访比较细致而深入，于是，后来不管何时何地，每当见到那些令人神往的新气象、新风貌，我就不由得又想起洛阳，仿佛又置身在"花会"的牡丹丛中，感到春光的撩拨。想到这里，我仿佛才渐渐悟及了洛阳为什么要把牡丹作为市花。牡丹的娇贵妍媚，自是不用我絮叨了。关于牡丹的种种美丽传说，也人尽皆知。我想，除了以上原因，大概还因为牡丹花期过分短促，能使人分外警醒，倍加珍惜，所以会引动那么多人来这古城争春和追春。正因为韶华易逝，时不待人，人们也就在赏玩游乐的同时，更能领悟到应该如何珍惜平日的分分秒秒，如何在这大好时光里更快地腾飞和奋进。

争春最是洛阳花！飞雪送冬之际，那曼舞的雪絮，片片朵朵，似乎都在传送我的这缕情思。

一九八四年

极目中原情丝长

曙色如霞，万籁俱寂。我祈望能在这了无尘嚣的时刻，静心抒写这封给中原父老的告别信。

纸刚刚铺展，思绪就如脱缰的马，心潮也顿时化作一腔热泪夺眶奔涌……是的，流泪并不总是因为悲哀、怯弱，此时此刻，它端的是感情的悬瀑、恋念的宣泄……

哦，将要离开生活了二十四年的中原大地，怎么来写这个"别"？二十四年的日月搓成丝线捻成绳，那是一束无尽的情丝，这情丝将永永远远萦绕我思念的梦境，牵动我的心弦。

透过泪眼，我惊异地发现窗台草叶上竟有了露滴。它早早凝结在这个辉煌的黎明。难道是为了和我的心潮合韵？蘸着这晶莹的朝露和泪汁，告别亲爱的中原父老乡亲，我越发觉着笔下竟如此艰涩滞重……

我姓叶。"叶子！""小叶！"我在中原大地生活了二十四年，我的同事、朋友这样亲昵地叫了我二十四年，我快快活活地应着，无比欢欣而慰藉。在我渐入中年、儿女比肩后，我的朋友、同事依然这样亲昵地叫着。那一声声不同的音腔，那有劲儿的落音特别重的"小"字，那亲切纯朴的充满泥土香味的"叶"字，那地地道道令我心暖神驰的河南腔呵！

我喜欢这个姓氏。这个称呼，仿佛也最能概括我的经历。是的，我曾是生长在东海小镇的一芽草叶，由于先天的"缺陷"，无可例外遭遇过霜侵雪欺，生活的旋风使我飘落中原，我在黄土地的一角悄悄生长，吮吸着黄河浓酽的浆液壮筋强骨；在历史错杂而沉重的脚步中，我与同时代人一样，和亲爱的祖国同受磨难，坎坷的生活锻我心志，曲折的道路炼我毅力。

历史终于翻过了沉重的书页，党的十一届三中全会掀开了新的历史篇章！

我欣幸我也是这样一片得享甘霖的叶子。正是在中原大地，我这片小叶枯而复生，我想说，我想对全天下人说，我多么庆幸我是这样一片幸福的小叶，在党的温暖的怀抱里，在辽阔的中原大地，我实现了少年时的文学梦，承受了许多同龄人所渴想的时代的恩惠。流水红叶诗千行，我写不完心中难以言喻的感戴。

我属马。我常常忆及我出生的马年曾是一个战乱和饥馑的年代，我常常以马策励，并愿马的不断奔驰的形象闪现在眼前。我爱马，更爱这块驰驱腾跃的中原大地。这几年，我有幸走遍河南，不消说宋城开封，不消说古都洛阳，就连洪荒有缘、胜迹几无的驻马店，也让我难以忘怀；我忘不了曾经和泪痛饮过的红旗渠水，忘不了在山路崎岖的黄道水得享的那碗鸡蛋茶，忘不了民权县沙土窝中种植的葱茏的果园，忘不了潢川城南那个可供垂钓的大农场黄湖……我感念这片大地上的山山水水，更感念这片大地上敬爱的父老、师长、亲爱的同志和同行；我无须一一开列这些恩师挚友的名字，"父老乡亲老师同志"，这八个庄严而亲切的大字，就是最好的缩写和概括。

我的父老乡亲，我的老师同志，我的中原大地的所有交往接触过的读者朋友们，我难以一一叙述你们对我的关切和爱护，但我将记得你们每个人的面庞，那每一缕如霜如雪的华发，那一道道蕴涵智慧的褶皱，那一双双在我困难时伸过来的有力的手。那一句句在我困惑时响在耳畔的灼人话语，还有那一封封注满了浓厚友情的远方来信……我只想说，在文学之路的艰难跋涉中，没有你们的鼓励鞭策，我很可能疲惫落伍；没有你们的热心扶持，我也许在某个转折时马失前蹄……二十四年的岁月飘逝如一瞬，二十四年的每一瞬却都有无尽的思念和记忆。

情千重，恩千重，一声“走”字难出口。我的父老乡亲、朋友们，你们是如此怜我衷肠知我心，你们知我身在中原心在江南，纵然千山阻隔仍念念不忘故乡的那片绿荫。我铭感你们大度的胸怀、深挚的爱意，为了将草木移植到更宜生长的土壤，你们宽容了我的选择。哦，去也终须去，别也怎生别？我的同志、朋友、乡亲、父老，我将永远记得你们蔼若春山、澄如秋水的眉容，我将记得你们依依难舍的眼神，我更记得你们热烈诚挚的挽留、语重心长的叮咛。

呵，亲人们，朋友们，请谅解我的执着，请谅解我的选择！我的离去，不是忘情，不是负心，我只是想，只是想在有限之年，在更宜我气质的故土中，伸展我的根须，繁枝萌叶，再发更多的春华，再结更丰硕的果实，这，也许是我最切实的报答。

山将别情绵绵写，水带离声入梦流。在即将离别的时刻，我想再呼唤一声我的长辈、亲人、朋友，在我将去盘桓的苍黛的括苍山，我的脑海将倍加频繁地涌现邙山、太行山和大别山的雄姿；在我将去游弋的滔滔东海，我的耳畔也将更加清晰地鸣响黄河的涛声！别了，亲爱的中原大地、亲爱的中原父老，山再高水再长，永远永远隔不断我对您怀恋的深情……

一九八六年

痴话西湖

"天下西湖三十六，就中最好是杭州。"

许久以来，我总觉得，若是不掂起一支鲜灵活跳的笔，就难描西湖，也会愧对了她，愧对了她那妍丽绰约的山和水。

许久以来，我总觉得，我对西湖一直欠缺那种独特的怀情觅景的心领神会，缺乏那种沉醉其中的凝思冥想，因此，尽管多次在她身边来去，尽管明知她有倾倒天下的容颜，尽管书架上老早就有好几本有关她的诗话，我却一直没有写过她的只言片语，只恐自己这恍惚的头脑、粗疏的笔会亵渎了她。

我虽然不是浪漫疏狂的人，但头脑恍惚是常有的事，对于太激动心灵的事物，反倒极易走神，极易生出风马牛不相及的种种联想。二十九年前初见西湖时便是如此。当时，我只觉得一下子被这个举世无双的美人震慑住了，她那秀丽婉约的丰姿，她那无与伦比的姿色，都使我这个山头海角的女孩子，大有一种不知所措的惶惶之感。其时，加上心境的黯淡和自卑，我只觉得一种无形的压抑，就像寒酸的贫女来到珠光宝气的贵妇面前一样，是那样的不知所措和自惭形秽。

此后，我便生出了这样一种心理：唯有悠游闲适，才好去得享西湖风光；唯有衣履飘然，才配去亲近西子容颜……唉，西湖，西湖，西湖在我心中美得那样高贵、那样圣洁。

此后，我也渐知，对于西湖，任何浓墨重彩的描绘都属多余，任何夸赞的话语都是拾人牙慧。不是吗？古往今来，颂扬西子的文人墨客，所耗之纸可谓聚集成山，所费之墨堪称泼地成湖。写够了、画够了的雅士们还扼腕长叹："西湖是'古今难画亦难诗'。"所以，哪儿还用得着我这粗拙的笔来描绘她呢？

尽管如此，我还是要说，对西湖，各人有各人的见解，我在心底，一直藏着未曾对她说过的悄悄话。

我的悄悄话只一句："西湖是我解愁的朋友，忘忧的湖。"

我还想，假如让我们各自为西湖起个别名，那么，我就赠她这个雅号："消愁湖"或"忘忧湖"。不是吗？密友或情侣之间常有昵称，我私下这样称呼西湖，自有我的爱意。

那是十多年前的春天，正是西子湖碧桃初绽柳丝长的时刻，我从中原应邀来杭州开会，住处离西湖极近，信步走出不消一刻，便能置身四处如画的湖山中。但因当时我为一位朋友的突然亡故深感悲痛，心头凄切，虽然与会和大家对坐会议桌边，却心猿意马，与文艺界难得晤面的朋友漫步在住处的小园，也无情无绪，毫无陶陶然的兴致。恰好那日下雨，召集者不得不取消原来的游湖计划，那不知什么时候飘起的雨，一直淅淅沥沥地下到傍晚还欲住未住。憋闷得急了，我独自冒雨出门，不觉到了湖边，不管三七二十一，拣了处湿漉漉的石头就坐了下来。

刚一坐下，我便又一次惊呆了：数年前那种被惊人的美丽震慑得不知所措的感觉，再次袭上心头。

好一幅妍媚的湖山图！

因了这雨，四周无一行人，眼前这远的山、近的水，都笼着一层淡淡的云烟，山是蒙蒙的，水也是蒙蒙的，那云烟更是浸透了水雾，似乎轻轻一抖，就要垂下万挂清泉；因了这雨，身旁青绿的柳条、灼红的桃花，也都朦朦胧胧地裹着一层薄得几乎透明的轻纱，那绿是淡淡的，红也是浅浅的，浅红淡绿的万千枝头，都蓄着晶晶莹莹的水珠儿，似乎一拂，便会滴落千行珠泪……

哦，果然花解语，物同心，大自然的同声一哭是这样壮美，西湖湖山的万物共泣是如此熨帖人心，自古美人多傲慢，西湖却善解人意，她似已意会了我的悲痛，竟这样挚情切切，温柔可亲！

这时，空中的雨丝已经无声住歇，一阵小风拂过，我的头上、肩背落满了一颗颗水珠儿。那依依的柳枝在我眼前徐徐摇动起来，似一只纤纤素手，要拂去我心头的阴云、眉头的愁绪……我默默地承受着这无声的抚慰，沉入梦乡般闭眼静坐，一直待到夜幕降临。

我记不得坐了多久。夜幕渐渐笼盖了一切，四周再也看不见那些明媚的景物，近旁不远处，却越来越清晰地响起宛似檐滴的叮咚之声：叮叮，咚咚，咚咚，叮叮……时强时弱，似有若无，悠悠不绝。

我不由奇异起来，周围并无建筑物，那么这动听的檐滴之声从何而来呢？

马上，我又不去揣测了，一切听凭自然，是西湖为我安排了这有韵律有节拍的"午夜回旋曲"……呵，世上再没有比大自然的抚慰更暖人心，西湖湖山这雨后静夜的檐滴之乐，真如天籁仙曲一样声声动听！

我只觉得彼时神清气舒，千愁作一散！又不知坐了多久，品味了多久，我方起身回了住地。

从此，我分外体会到了西湖"晴湖不如雨湖"一说的不谬。

从此，这个珍贵的夜晚，这个独享的感觉，便像璀璨的珠粒嵌入了心屏，常常在记忆的深层闪烁。

此后，每逢我有了不顺心不遂意的事，脑海里马上就会跳出这个念头来：到杭州去！到西湖这块宝地去坐坐！

话是这么说，远在中原，这念头当然只能是痴心妄想。

现在终于回归故乡、回到杭州了。我竟依然难得常和湖畔相亲，如若不是相陪远道而来的朋友，好像一年半载也难以专门分出工夫，单独在雨丝如诗的辰光，再去与这解忧的朋友絮语亲昵。

当然不是忘怀了她，而是自有一解：造化给世人这样的良辰美景是不会太多的，你能真正得享一次，并有所感悟，便是最大的福祉。倘若滥享滥用反倒辜负了大自然，也就体会不了这独特的意趣。

于是我像保存珍物一样保存着那次的"偶遇奇思"，像依然远在千里一样贮存着对西湖的渴念，像总在等待久别的挚友一样等待又一次殊异的美感的到来。

我愿自己永远不辜负西湖！我愿西湖——我的忘忧湖，永远相伴我左右！

一九八六年

水上的绍兴

"粉墙黛瓦，曲水深巷"——清清爽爽八个字，勾勒了一幅线条简洁的木刻版画；"白玉长堤路，乌篷小画船"——两行短诗，吟出一派令文人们最感惬意的景象。

八个字也好，两行短诗也好，虽没有直白写出那处地方，人却都知说的是绍兴。说到绍兴，用不着精绘细描，只黑白两色便能刻出它的姿颜，只一个水字便能道尽它的神容；写画绍兴，任你横横竖竖，不可或缺的也是那道源远流长的水；水，是绍兴的精髓，是绍兴的命根。

绍兴和水难解难分，追史迹，听传说，莫过于"大禹治水"。"大禹治水"将水对于绍兴的弊与利，尽道其中矣！这是说过去。在崇仰现代文明的当今社会，一个地方，若被指认为"东方的……"往往也最能成为一种代表性的评价。因此，在很多时候，最让绍兴和绍兴人受用的，还是这句话："绍兴是东方威尼斯！"

人们都知威尼斯是世界闻名的水城，将绍兴比附"威尼斯"，言明了水与绍兴是那样笃笃相关。因此，这比喻对于绍兴，是无与伦比的评价，也是最直截了当的夸奖。

在没有游历过威尼斯前，对古迹遍布的意大利，自然兴趣盎然，而意大利最富诗意也最富吸引力的，当然要数威尼斯这个"水城"。

于是，每每听到这一比喻，爱屋及乌，我对绍兴同时更对威尼斯景仰得了不得：一个建在水上的城市，那是何等的有趣！

游历过威尼斯后，当然有了更鲜活的印象，对照绍兴，越发感慨万端。我虽不是绍兴人，但是，这些年来，拿浙东土话讲："来来去去，鞋后跟都磨落在绍兴了！"因此，我觉得不管绍兴是否真的很像世界名都威尼斯，只觉得作为一个中小城市，能得到这样的美誉，的确是很能叫"伢绍兴人"生出"不枉平生"之慨的。

毋庸我细细描述威尼斯，因为，如今出国旅游已然成为国人生活中的寻常事；在足不出户便能"看遍天下"的时代，媒体也早将威尼斯迷人的风光，制作成各种节目晓谕天下。因此，一到威尼斯，那片浪漫的汪洋便和原先的想象一起在我心中潋滟激荡。而一旦亲见那一艘艘船头尖尖、船尾翘翘的"郎多克"载着狂喜的游客们，在一座座高楼深巷下的水道中往返穿梭，那穿着十六世纪服装的水手们是那样潇洒地划着木桨，在一浪高过一浪的欢声笑语中悠悠来去时，我只觉着一颗心完全融入了欢乐之海。此时，即便你只是个威尼斯的匆匆过客，即便你在整个游程中只是稍稍"蘸"了威尼斯的那么一点点水，我敢说，从今以后但凡梦到威尼斯，你所做的，准是一个湿淋淋的香梦！

话说回来，我虽不敢说自己非常熟悉绍兴，但我知道，绍兴在古往今来的许多年月里，也让绍兴人和许多来过绍兴的人，做过同样湿淋淋的香梦！

我更知道的是：绍兴为永远保持这个"水城"的形象，为让人们香梦永久，经历了非同寻常的努力。

作为水乡人，水一向是我永远难解的一个情结。而我们这些生在水乡的人，常常会身在福中不知福。但在许多缺水之地的"旱鸭子"眼里，岸柳青青、长堤卧虹的绍兴，处处都非淡山闲水寻常姿色，在历代文人墨客笔下，这天光云影相映、古镇古桥绵亘的绍兴，真是让人一落笔就有山岚水汽，一泼墨就会顿生满纸云烟啊！

绍兴的以往和太多的河、丰盈的水相亲相连，可是，在过去的许多时日里，困扰了绍兴城的，不，应该说苦恼了绍兴人的，也是这一城叫人发愁又无奈的水！

曾有许多年月，外乡人到绍兴来，看来看去，不见那诗意无限的版画木刻；满城转悠，找不到清亮亮的鉴湖，那一条条河水都渐渐污黑，那小小乌篷船也一度统统变成噪声震耳、外形难看的机械船。我记忆最深切的是：二十世纪七十年代末到八十年代初，我来去路经绍兴时，眼帘中虽还掠过几座粉墙黛瓦，可在这越来越低矮的黛瓦粉墙中，总看到那条泛着油光散着恶臭的河水，就如早年绍兴人头戴的那顶乌毡帽——灰瘪而漆黑！

工业增长！农业发展！在捷报频传时最可怕的杂音便是环境污染！发展是硬道理，但是，当一个城市的发展要以环境污染作代价时，环境污染问题就严峻地摆在了眼前，与水有滋有味地相处了一个又一个世纪的绍兴人，当然不能让这情景长此以往延续下去！

我这篇小文，无法细细记叙绍兴人既为发展也为防治环境污染所做的斗争和种种努力。我只想说：当日历翻到二十一世纪的今天，"伢绍兴人"在几经周折后，终于又重现了这个"东方威尼斯"的比喻——她还给了绍兴人和来绍兴游历的人一城清清亮亮的水！

有滋有味地重温这个比喻，有滋有味地重见那汪清清亮亮的水，都是在夜里头。

是夜，当我披着一袭云烟似的小雨，下了环城河边码头的石台阶时，便见一艘艘远比乌篷船神气得多的游艇，鱼贯而来。于是，当我在灯影中望见这烟雾迷离的环城河，竟然波光粼粼、水涨船高地恢复了水城河道的气势时，我不由得深深地吸了一口长气！

这一口长气，竟然沾雨带露，如此清凉！

令我分外惊喜的是：这口清凉气中，果然又有了欢鱼活水的精灵之气，有了樟柳相接、草木交替的沁脾之香！

这几十里之长的环城河边，鲜花如燃，草地如毡，茂茂密密的大树三步一岗；亭台楼阁旁，那盏盏高悬的红灯笼煞是好看。

灯影中下了船，虽然觉得游艇比之小小乌篷船似乎少了点古意，但是，如若"换乘"，更会使人着急——不管怎么说，紧接着是绕城而行的几十里水路呀，这一颗急欲探源寻踪的心，可怎生耐得？

灯影中，游艇波起浪伏地前进，只见这既是蓬勃发展的浙江要地又保留了古老风貌的历史都城，那古今交融的"双重"景致，在烟雨迷离中越发妩媚；而张置在曲曲弯弯河畔的一处又一处的桥塊、再现古战场风貌的"水寨""城门"，也都在夜色掩映中倍添神秘。

灯影中，逶逶行过一程又一程，蜿蜒三十里的绿荫水路，直教人觉得不仅"乌篷画船"只能作为仅供观看的"历史道具"。而原先那句"白玉长堤"，也再不足以形容现在的动人光景！

灯影中，忽而是河，忽而是岸，曲曲弯弯的河岸上，自然皆是一派幽幽的绿；灯影中，忽而是黛瓦粉墙的城，忽而是粉墙黛瓦的屋；在轻轻的乐声和水声中，城中的屋，屋中的人，俱在影影绰绰的朦胧诗意里……

灯影中……哦，如若——说来，太漫长也太琐屑，一句话——夜游的感觉鲜明不过地告诉我：一个融合着历史和当今文明的新城绍兴，正以重新焕发的光彩，展示了一个鲜鲜亮亮的现实——他们已经还给了世人一个更美更靓的"水上的城"！

于是，沐着一身夜露回来醉了似的我，只剩下一点儿对自己的不满：为什么不会写诗呢？像今晚这夜游绍兴，如果能将诗行和着心中的桨声，高高低低地落在这绵绵长长的环城河中，那该有多酷！

二〇〇一年

伞外听西塘

未去西塘前，脑海里先有了画面——我猜想那是与我故乡楚门相似的又一个典型的江南水乡小镇，只不过是楚门二字，换成了西塘。

未去西塘前，耳鼓里回响起别人对它的许多赞语，频率最高的是这样的形容：西塘是一首诗，西塘是一幅画。

我想跳出这些熟络了的"常言"去看看西塘。

就在这样想着猜着西塘时，我去了西塘，蒙蒙细雨中，恰好又忘了带伞。

忘了也不关紧，因为我知道下在西塘的雨是飘飘如丝的，绵软如糯的，即便带了伞也不会撑的，不，不是懒得撑，而是觉得不撑比撑着更好。

于是，我就这样慢慢地在雨中走着，拿了伞而在伞外看着，不，是在伞外听着雨中的西塘。

在伞外听西塘，真个是别样意趣，那一顶顶在帘纤小雨中被别人撑着的伞，便成了唯西塘才有的美妙风景，伞和西塘是那样天然地成为不可或缺的组合！在伞外听西塘，那似有若无的雨声，切切地好似远远传来的洞箫和陶埙，这箫和埙，那更是西塘自古就有的。这既有视觉也有听觉的享受，真是令人游兴倍增。

第一次去在春季细雨帘纤，第二次去在秋天依然烟雨朦胧，哦，莫不成是西塘人与老天爷也是心有灵犀，不张致出个雨景来就不算是西塘吗？

第一次去是这样，第二次去也是这样，不由得就叫人省悟出来：到西塘，不在雨中，不打着一把伞，那诗韵，那画意，的确会少了许多许多。西塘的雨，是西塘特有的天籁。

那就更得好好在伞外看西塘听西塘了。

看着那小雨，一丝丝一线线地飘洒在枕河人家的白墙黑瓦上，那黑瓦白墙只是黑的更黑，白的更白，那颜色渐自深浓而更加黑白分明的房舍，益发成了一幅幅最耐套印的版画，哦，假若能扯得天幕当纸，那是随你印上多少印张都不会褪色走版的。

看着那小雨，珠一阵玉一阵地滚落在西塘的河面上，你只会看见满河的水都笑成了一个又一个笑窝，可就怎么也听不见那脆脆的声响。怪了，莫不是天公亦知本属嘉善的西塘人生性和善，所以即便是落雨，便也落得格外轻盈、格外温柔，将那有可能发出的声响都掩在深巷里、廊棚下，一股脑儿化作报时的更漏檐滴的叮咚吗？

看着那小雨，下得如此善解人意，我这才悟出：西塘的雨，是因为下在西塘才有这样绵柔的景象；西塘的雨，下得这般温熨人心，是因为西塘还有别处少有或无有的长长廊棚！

痴了醉了似的听着伞外的西塘，于是，几乎不容分说地我就爱上了它，我爱西塘，就在于西塘的西塘河两边，有着那样绵绵长长韵味十足的廊棚！

痴了醉了似的听着伞外的西塘，我想起原先想描摹西塘，那题目，那角度，可谓顺手就能掂出一箩筐：深巷的西塘、船上的西塘、岸边的西塘、桥头的西塘……不过现在，最叫我动心的，还是有廊棚的西塘！

记得西塘人很有老本地宣称，西塘几乎集了乡土文化之大成：水、桥、船、瓦当、庙会文化……现在，我要说如果廊棚入古老的建筑文化之列，我首先要投它一票！

知情人说西塘的廊棚，始自明清，因为那时作为商业小镇的西塘，得水上交通之便，镇上的商店大多开在临河的街上。那时的西塘，虽然有水乡小镇的闹热，当然也不是商贾如云的上海码头天津卫，而店主和做生意的对象，也大抵是小镇水乡的农家百姓。小船是水乡人的靴鞋，那有着一级级石台阶的河埠头，便是起船篙停桨橹的地方，于是，宽宽长长的廊棚也就应势而生，有了它，或在岸上或在船里的买卖双方，就有了交易的地场。

作为水乡人的我，对这与黑瓦白墙共生的廊棚并不陌生，可是，廊棚在西塘被作为特殊的风景，在我想来，一是在于它的规模：西塘的廊棚绵延相接，据说有一千三百多米长；二是在于它别致的形状。因为即便这"棚"看上去只有一个斜屋面，但和所有人家的屋檐房顶一样，都是毫不含糊的木椽屋瓦，既结实且美观，许多"顶"还颇为艺术化地呈拱形或波形，在实际功能上，又的的确确遮风挡雨冬暖夏凉。当地人约定俗成地将它简称为"棚"，多少也透示了西塘人惯有的谦虚；而一个关于它最早由来的传说——一个烟纸店老板如何在屋檐下搭一卷竹帘、叫一个仙人扮作的要饭花子躲过一夜风雨的故事，更把西塘人的古道热肠、仁义忠厚展露得淋漓尽致。

毋庸细说延续至今的功用，哪怕仅仅作为观赏，廊棚也是非常美妙的。在弯弯曲曲的河岸上与小河一同蜿蜒，那形那景，就是一幅古韵无限的图画；那檐下的回龙椽，那廊脚的木栏杆，那廊棚人家咿呀一声开启的花窗板门，更似无言的暗示，暗示这千年古镇深巷水弄曾经发生过的种种掌故。无怪在这廊棚下来回踱步时，我总觉着脚下并非仅仅是一条质朴且在别处已不多见的石板路，而是步步走在一部厚重而古色古香的史籍中……

不用说，承接着众多文化的西塘人，而今自然比我们这些外来客更懂得如何展示这些古韵的香色。于是,走着看着廊棚下的西塘时,我们的眼前忽然就五彩缤纷了起来——那逶迤而去的河岸上,那千多米的廊棚下,自古就有的圆灯笼、方灯笼、八角灯笼、荷花灯笼,一盏又一盏,直映得整个西塘都成了条条彩虹的廊棚彩虹的河!

这时,我才发觉:入夜了。入夜的西塘,那细细的雨,到底是住也未住呢?

看着那西塘河面,那雨线儿雨珠儿,不是照旧银丝般闪亮吗?那大而又圆的笑窝儿,不还是一个接一个吗?手中的伞,虽然依然未曾打开,身上却依然不觉得有多少濡湿。哦,原来,下在西塘的雨并非雨,它是一丝丝一线线,都化作最可沁心的清凉露,点点滴滴都滋润进我的心田了。

走着、看着、听着伞外的西塘,我不能不再次觉出了自己的痴呆——本色的西塘是无须迟到的形容或比喻的,那么,你还这呀那呀伞外伞内的絮叨个甚?

西塘的廊棚,真个是天下最美妙的独一无二的伞!

牵挂古运河

在新千年欢声雷动之际，我曾登上被《钱江晚报》装扮得像新嫁娘一般的"千年之舟"，于是，与渐已被淡忘的古运河，有了三天三夜的肌肤之亲。

被浙江好山水宠坏的我，对于天下景致，眼光常常是苛刻的，更何况我们的江海湖山是那样名噪四方。滚滚钱江，滔滔东海，美轮美奂的西湖！至于这运河嘛，哦，这古运河，纵是岸柳青青、长堤卧虹，即便有天光云影相映、古镇古桥绵亘，在不少人眼里也是淡山闲水、寻常姿色。前年有老友自远方来，游了西湖千岛湖。末了，却说要坐运河的船去苏州！她这一说轻巧，却被我一声长长的"啊""啊"出来万千惊讶，两人便都瞪圆了眼睛盯着对方，彼此都觉得怪怪的。在我呢，缘由简单：舍快捷之途而取缓慢，实在不合当今的生活节奏。在她呢，认为我好赖做了十几年杭州人，还亏得是个作家呢，怎会如此不知荡舟古运河的旅行乐趣？

我怎么能忘怀古运河呢？中学读语文、历史，有关隋炀帝的残暴和开凿京杭大运河功绩的记载，就像一枚硬币的正反两面，都已深深嵌在心里；而辛弃疾站在长江运河交汇处写下的那首《永遇乐·京口北固亭怀古》词，更令我这个当年的语文课代表热血沸腾："千古江山，英雄无觅孙仲谋处。舞榭歌台，风流总被雨打风吹去……想当年，金戈铁马，气吞万里如虎"的千古绝唱，更叫我识得了什么是怀才不遇、壮志难酬的壮怀激烈。

我怎么能无视古运河呢？十几年虽未刻意亲近，但上班下班，日日在它身边来来去去，运河的袅娜姿形，运河的两岸变化，无须刻意相看便似日月星辰尽在眼中；这十几年虽未为之挥毫歌吟，但是，运河上大小舟楫远远近近的轰鸣，运河水冬去春来的起起落落，也总如大自然的固有气息，从无间断地缭绕我的倦梦。

尽管如此，一旦正眼相看，我赧然发现：对这有着两千五百年历史的古运河，我能说出个子丑寅卯吗？人的盲目自大，有时真是可笑！

于是，就像被骤然点了"醒穴"，我分外珍惜这三天三夜在马达轰鸣中的航行，珍惜这三天三夜中与来自四面八方各界朋友的交谈相聚，因此，大雾弥漫不时壅塞的行驶之艰，河窄船多的开开停停，乃至"开"了一夜还未"开"出城郊拱宸桥的尴尬，从苏州到镇江坐车一小时坐船却要十四小时的颠倒取舍，都成为过后的笑谈趣忆；而对运河文化一镇一市的溯源式探寻，一程一程夜行昼停遇埠上岸的悠闲观光，与新朋旧友海阔天空的随意交谈，特别是参与一对新人船上婚礼的种种热闹，更是几十年风雨奔波没有过的新鲜，也是独行孤旅难以得享的诗意和快活。

三天三夜的航程缓慢而匆促，结束行程归来，我发觉心弦的一端已经系在了运河，我开始思念运河就像儿时思念外婆！

外婆早已过世，但她那副饱经沧桑的容颜，她那双真正缠成了三寸金莲的小脚，她那花白而又绾得紧紧的小髻，常常在秋风飘摇的时日浮现在我的脑海。外婆的一生是勤劳又善良的中国妇女的一生，外婆很平凡也很普通。每每在秋风乍起时想起她，是因为外婆那一头白发使少年的我知晓了岁月的苍老；外婆给我盖过的那床毛蓝印花土布的被褥，使儿时的我，分外感受了冬日的温暖。

从运河联想到外婆，大概就在于行程的第一站——在余杭塘栖镇一上岸，便看到了寻迹古运河的第一座大桥——惠济桥。

哦，惠济桥，河边石阶青苔可见，桥头石碑铭文斑驳，这一切，不就像外婆的额头，纵纵横横尽是历史的沧桑吗？行过条条弯弯曲曲的麻石路，绕过幢幢新旧不一的青瓦屋，我们又尝到了塘栖老乡殷勤款待的点心：喷香喷香的青豆茶、甜糯甜糯的麻糍团，这喷香，这甜糯，都是外婆灶头才有的呵！

三天三夜的航行缓慢而匆促，结束行程归来，我无法不将运河与对外婆的回忆相连。于是，我对运河增添了莫名的惆怅和无限牵挂。

已为我们奉献了很多很多的运河，我们何曾好好相待于它？你看这河道依然窄狭、这河床逐日淤积，你看这河水的污秽、河上这许多不堪入目的漂浮物……哦，运河，你是不是在呻吟掩泣呢？

过了苏州，运河渐渐见清，江苏境内的河道水色特别是镇江河段的运河堤坝，确实比我们这边好许多。但是，千里运河一脉通，不做千秋万代的根治，我担忧它迟早还会被日渐扩展的淤积和污染吞噬。

知晓内情的说，江苏段治理得好，是得到了世界银行的贷款。这些年来，有关部门为治理运河所花的钱，都可以铺满这条河了。

这句话，就像一个沉重的感叹号，闷住了所有人的嘴。

千年之舟河上行，看着运河，想着运河，运河的命运成了船上同伴最共同的话题。说得热了，说得急了，年轻人腾地抛出一句话来：与其这样，还不如填了运河！

一语如重槌，令我心头一颤。

明知这话不过是一时冒失之语，但它还是深深击伤了我。

我断断不相信这会成为决策者的选择，我断断不相信这会成为将来的事实。

我们断断不能没有运河，我们断断不能斩断这条历史的文脉。

也许，我又做了一回忧天的杞人。但正是这次旅行，使我明白了要恢复古运河的真正美丽是何等艰难。

但愿我是杞人忧天。我只愧急切间写下的这篇小文，如何承载得了作为子孙的我们，理应扪心自问的这份愧疚和沉重？

心心念念中，我也得知有越来越多的人关心运河，有关人士正在做各种各样的努力。但愿这各种各样的努力，就像前些年为拯救长城一样，是绝对有效的努力。

哦，古运河，虽然我们中的任何人都不可能在你的怀抱中再乘千年之舟，但我相信并祝愿在第三个千年时，我们的子孙将绝不羞赧地放声高歌：古运河，我们永远的黄金水道！

二〇〇〇年

东极的海味

从头认识浙江，是我回归故乡后的一大心愿。从头认识，说来轻巧，却非旦夕之事。我以往熟悉的，仅限浙南一带，浙西、浙北、浙东，因为很少涉足，自然越发念念不已。魂牵梦萦时，只觉暖风里似有奇特的芬芳，只觉彼处的尘泥，也飘来阵阵幽香，时时向我做热切的召唤。

我时刻期待摇出我的小船。

近日，正巧浙江省文化界人士为筹办戏曲节下乡巡看节目，我得以结伴同行，去的地点恰是我为之向往的舟山。

印尼是千岛之国，舟山是千岛之郡，浙江省共有两千一百多个岛屿，舟山就占了四分之一以上。到鱼盐之乡的舟山，自有别处难比的情趣，到群岛拥簇的舟山，首先能饱览舟楫为路的风光。

鱼盐之利，显而易见；行船作路，却不尽方便。从杭州去舟山，先坐车到宁波，再坐船去定海，再坐车至沈家门。我们此行还要去嵊泗，还得从沈家门再坐船——这几上几下的车船，真够人坐得了。

几上几下虽繁难，却有趣。行路就是这样，黄回绿转，车船交替，才让人更有探寻的意趣。东去舟山，越往"深"处走，越增一层海味。

我说的这"海味"，并非单指殷勤好客的舟山人端上的满桌鱼虾蛤贝，更是指舟山特有的凉风和爽气、舟山特有的那股人情味儿。

夜宿沈家门，我一点儿不觉得是"异乡"。那微微带着咸腥味的凉爽空气，那喜欢在晚饭后逛大街的一群群花枝招展的年轻人，那一有戏班子演出，便熙熙攘攘座无虚席的热闹景况，都太像我的家乡楚门了。

哦，沈家门——楚门，相同的岂止是一个字？这个"门"字，形象地道出了它是鱼米的集散之地、海角的繁荣之乡。在沈家门，你立刻就觉出了生活的欢悦和热烈，生活的节奏好像在这里越发加快了。

黎明，人们还在熟睡中，从海鲜市场爆起的叫卖声，就像热烈的紧锣密鼓，早早催醒了拎菜篮的主妇。也许喜静的人们会以为太吵闹，我却特别喜闻这种高分贝的"市声"，特别愿看这种生动的景象。你看，这一担担鱼虾蟹贝，鲜灵活水，每一箩，每一筐，都闪着大海的光和色，远远闻，鲜腥逼人，近近看，眼花缭乱，品种繁多，除了鲜的，还有干的、腌的。这个海鲜市场，真有大海般的丰富内蕴，沈家门的人哟，美美地歆享着大海赐予的福分。

另一重福分，也是中原少有的呢。偌大的沈家门，在炎炎盛夏中竟没有一只蚊子，难怪沈家门人自豪地宣称：它是全国第一个无蚊镇！

如果说，沈家门掀开的仅是海岛面貌之一角的话，到了嵊泗，就端的是海的世界、岛的景象了。

从沈家门出发，坐了七八个钟头的船，真以为大海就这么无边无沿，真以为海那边再也不会有什么陆地了……就在你张望得颈脖酸软时，嵊泗出现了。小巧的嵊泗，原来是岛中之岛，小小的嵊泗，原来是万顷大海中的一个碧玉盘。

到达的当晚，正遇台风。大风飘摇中，越发体会了"东极"的海味。"东极"，是嵊泗人为家乡起的别名。这名字固然有掠爱之意，因为最东面的该是中街山列岛。但若将"东极"看作一个大外延的概称，则也能包括嵊泗。浙江的区域，从菜园镇再往东，就是汪洋一片，再无别的县府。也许，正因为已到"极"处，它的海味，才这样肆意，这样浓烈。

海面台风大作，岛上一片静穆，那么幽凉，那么爽气。睡到半夜，得加盖毯子才行。在大火炉中"烘"苦了的杭州人，哪里体会得到嵊泗的美气呢。

翌日一早，虽然暗云浓重，但参观码头海港，却是我们最热衷的项目。车子向山头进发，忽地大雨如注，风狂如吼，狂风猛雨中看海港，更觉得这儿的每一块礁岩，都如此险峻，每一处海湾，都如此浩荡，嵊泗是如此雄奇峭拔，那么"海上仙山"一词，指的是何处的轻盈飘逸？

却原来，海滨浴场就有着仙境般的风光。

台风刚刚过境，凉意深浓，远处的大海还是浊浪千层。可到了海滩，万顷怒涛却都化作了柔和的细波，轻荡微漾；湿软的沙滩，广阔地铺展，海滩的不远处，如笋的礁岩，像一位位秀美的女郎，亭亭玉立地扬起纤手，把滩上的游人召唤。

哦，怪不得人称它"南戴河"，它果然比普陀的百步沙、千步沙还要惬意，还要妩媚。

从山头往下望，县城里鳞次栉比的全是新楼房，而且绝大多数是居民自盖的。到菜园镇郊参观，那儿正大兴土木，三层四层的小楼，一幢比一幢讲究、漂亮，实在是居住得紧挤的城里人难以企及的哩。

嵊泗的海鲜也非同一般，石斑鱼在嵊泗的餐馆和鱼货市场上大可得见，这种珍贵海鲜，是最佳的出口品，鲜活卖往香港，价钱十分可观。也许正因为石斑鱼、金钩虾米等珍贵海货的出产，才迅速饱满了嵊泗渔民的钱袋。

嵊泗景美物茂，人情格外美——在基湖大队，我们参观了一所规模相当的敬老院。院中住着全大队的八位孤寡老人，两人一室，一切物具都是新簇簇的。老人除享受免费膳宿外，医疗也由大队全包，每人每月还有五元零花钱。

能提供这些优惠，当然先得富裕。这个大队靠农渔工并举致富，富裕了，首先想的又是兴办敬老院这样的公益事业。基湖大队在这里所透示的，是海边人讲究的最浓重的人情味，所发扬的，是中华民族尊敬赡养老人的美德。

我一向好奇，在大家参观完毕准备离开敬老院时，又独自绕到厨房里去看看。厨房也是一间敞亮的屋子，专门负责照料老人起居的两位炊事员，正在忙着做午餐。两位闲着无事的老太在一旁帮忙。小桌上，一大盘碧绿的嫩蔬，已经炒好，一个钵里盛着满满的刚烫好的蔬菜，而另一个大海碗里，已漂着一二十个鸡蛋。看来，是要做一大锅蛋汤了。

我本想问点儿什么，却觉着什么也不用问了。桌旁这两位老太的笑容，桌上那满盘的好菜，都已浓浓地飘散着我所称羡的鲜味——那股"东极"才有的海味。

一九八七年

不恨相识迟

"花开堪折直须折，莫待无花空折枝。""无花空折枝"的怅惘，在我们的生活中时有所见。

与此近义的"恨不相逢未嫁时"，也是我们所熟知的古句。对于一个相识已迟的"红颜知己"，一个"恨"字，道尽了无可改变的人生格局所带来的心理伤痛。

人生在世，总有许多遗憾。认识一个地方和认识人一样，迟识和错失的遗憾，常常发生。

可是，对于开化，对于这个声名鹊起的浙北山城，我虽然刚刚识得，却没有"恨迟"的惶愧。

难道是开化这个地方"不怎么样"？不！难道是我不喜欢开化？非也！

我什么时候始知开化？数十年前，老同学从美国女儿处探亲归来，阔别重逢的见面礼，即是一小纸筒茶，绛紫的筒面。白色的"开化龙顶"四个大字，龙飞凤舞在碧绿的茶汤中。

我十分惊愕，笑着婉谢她的这份心意。可她一味固执：长住杭州，我知道你当然有好茶，不过，你一定要尝尝，见面分一半。这是学生刚给我先生送来的新茶，你喝了就知道了！

她怕我不收，找出晶莹莹的玻璃杯，马上拆了包装冲泡。碧清清的一杯水中，嫩生生的茶芽，立时像一队含娇带羞的绿衣仙子，展臂舒袖地舞起了"水上芭蕾"。

这样的如诗形貌！这等的清芬之气！我捧着杯子，以从未有过的虔诚，一小口一小口地品着这佳茗仙液……哦。真是少有的沁心爽人！

喝了这茶，我方知它的品味的确不让龙井，作为"贡茶"更是名不虚传。于是，我对开化的想象也开始出神入化了——能出如此好茶的地方，该有着怎样美妙的田园和山庄？

我什么时候又知开化？杭州河坊街重新开张那年，向来不舍工夫凑闹市的我，与老伴兴兴头头挤一身大汗去逛街，最终以在一间小店买得一只树瘤刻挖成的大果篮而归。

我忘了这果篮的价钱，只记得先后来问价的顾客没有一个像我这样爽快掏钱的。我兴兴头头提着这大树瘤果篮一路开心，只因记住了店主的悄悄话：物以稀为贵，这东西，你上哪里找去？只有开化的深山老岭千年古树才结得出这么大的瘤子！

店家"百货中百客"的生意经，我不懂，我只为自己得获了中意的工艺品而欢喜。每当端详这只果篮时，我便如幻如梦地想象着那尚未谋面的古老神秘之地——开化。开化，这样可意的东西只来自你，你该有怎样清幽的山林？你该有多少几个人都合抱不过来的大树？我什么时候更知道开化？作协工会搞活动，大家计议去看这个"山"那个"泉"，有人就出主意：要看，就去看看我们的母亲河——钱江源！

主意是好却遭否定：到开化去？太远了！

开化，开化，却原来对你的拜识，并非说走就走、想去就去的简便；开化，开化，却原来要真正探知你的奥秘，没有那股子寻旧友觅知己的虔诚之心，纵是去了也枉然。

好时节，好天气，我终于了却多年相思去了开化。

节令有“殷勤昨夜三更雨”的春气，天色是“照水红蕖细细香”的清明。就像殷勤探看的青鸟，更像寻旧友觅知己、回归阔别经年的故里家园，一颗心是那样的跃跃不已，一颗过于急切的心只载着一个字：快！

开化是那样从容，开化是神态持重的长者，虽知我的急切，却将所有的表露，都隐含在慈眉善目的微笑和止于言表的凝视中……开化，开化，原来，我来探看你的丰富，你也在考量我的虔诚！

在人人向往与自然森林相亲的今天，在城里人变着法儿要去“氧吧”享受好空气的眼下，这片浓得化不开的绿色，就是上苍对开化的最好的赐予，这样的福地就是当今人类最艳羡的所在。开化，开化，怪不得你有如此这般的好名字，原来你是水长流、山大开、自然最大化，你能让天下人尽情享受天然氧吧的浸浴，你能让所有的来客都能在碧天绿帐的大天池中，尽情酩酊最美丽的大自然啊！

我走进了开化，开化首先让我一饱眼福的，是以“醉根”冠名的根雕艺术馆。

自以为在海内外看过太多根雕，自以为这这那那的根雕都不会让我过于惊奇。但是，当“醉根”的主人敞开馆门时，我还是不由得赞声连连：你看这神态各异的五百罗汉；你看这可躺上两三人的“巨型”大茶台；还有那无数千奇百怪的精品绝品。当然，最迷人的就是那些没有冠名而让你想象无限的根桩，看着它们，你真的相信是“醉根”的主人徐谷青得了神助，不然的话，缘何成千上万座奇根崛石大树桩，就像得了缪斯命令似的从四面八方集合到他的门下来？

徐谷青原来是地道的山民，醉心根雕整整二十年，现在，事业如日中天的他，依然保留着山民的那股粗犷和淳朴。当他从正在大兴土木的上接山泉下辟茶园的大艺术馆的卵石道上，倒背双手眯缝着双眼徐徐走来时，我忽然发现：这个肌肤糙黑、身躯精瘦、有着乱蓬蓬须发的徐谷青，好像就是天公地母和开化山神造就的一座大根雕！

我仿佛在这时才识得了开化，原来，开化就是慈心无边的母亲，开化对于全心全意热爱她、呵护她、弘扬她的儿女，会以大刀阔斧的慷慨，还钟爱她的儿女以最大的馈赠。

我走进了开化，来到一个叫何田的乡村。

初听这村子的芳名，我马上来了心劲：江南可采莲，莲叶何田田。何田，何田，将有何等美丽的情境？主人紧接着就告诉我：这何田，不仅仅是名字好听，到那里，你还将吃到最可口的鱼。原来，何田是此间最有名的清水鱼之乡！主人说这儿的鱼美味，在于它毫无泥腥气，它是源头活水养育的。

来自海边小镇的我，是属猫的，对于鱼的爱好完全可以舍熊掌之惑。于是，当我在细雨的伴奏和清幽的暮色中走进福岭山麓，走进这个叫何田的村子时，我自己就像一条鱼儿般欢活起来。

顾不得细看"清水鱼生态园"漂漂亮亮的别墅型房子，顾不得细看生态园那大棋盘似的鱼池分养着的各色观赏鱼和食用鱼，当天上的密密雨滴与塘中的鱼儿水泡，已经织成涟涟的珍珠，当福岭山——金佛山深浓的丛林黛色，为它怀抱中的这座乳白墙垣绿纱窗的"生态园"，越发勾勒出"疑是天上宫阙"的模样时，我与同行要来了主人的钓竿。此时此刻的垂钓，早已不仅是钓运和口福的期盼，而是地地道道的"人疑天上坐，鱼似镜中悬"的幽赏之乐。

到底是何田清水鱼——抛一根细线，夹一片青草，不消片刻，那三四斤重的大草鱼就泼剌剌地上了钩！一条一条又一条，欢声四起时，大家笑说何田清水鱼真乖，真为它的主人为自己的名声壮脸，何田“清水鱼”的别名应该叫何田“好客鱼”、何田“懂事鱼”！

我在大家的说笑中再次感悟了开化——开化本来就是既慷慨大度也美味无穷的大自然，山林在地，就让它幽密如帐绿得淌汁，鱼儿在水，就让它清澈见底而又鲜嫩无比。

煎鱼、烧鱼、烤鱼、清炖鱼，记不清上了几碗几盘几盆，也形容不了它的美味，鱼饱汤满时，只一句馋虫的俚语潜上心头：何田清水鱼，真让人连舌头都会一块儿吞的！

我走进开化，最大也最终的诱惑，是旅游广告词“食何田清水鱼”的上一句：“游开化钱江源”——不去探看钱江源，等于没到开化。

与水有着不解之缘的我，从来不厌对江河湖泊的探寻和赞赏，小溪九道弯是我故乡的景致，也是我曾经为之精心经营的中篇小说，而梦里流水声，更是我生活和写作的灵感源泉。

就这样默忆着旧时梦，就这样谛听着流水声，走山道，踏小径，行过农舍，行过丛林，一路上，近处远处，但见云烟袅袅，一路上随处可听山泉潺潺……毋庸主人细指点，我已会意：寻访钱江源，就是一路诗梦，探过钱江源，诗梦更醋甜！

哦，这就是钱江源，这深深的峡谷间，这浓浓的林帐中，一条细细的水瀑从天飞泻，一条清清的山溪接着宽宽窄窄九曲回肠地跳过岩头，越过涧石，跌跌宕宕地汇聚到一个清澈见底的水潭时，竟有九十九道弯！

说“九十九”，那当然是我的臆测，忘情而痴迷在源头的我，只记起了九是我们对数字的最高颂扬，一条被冠以我们浙江母亲河的钱江之源，最合适的数字就是这个九十九！

还用比较这钱江源与天下的名流大川哪条更壮美吗？还用形容这钱江源是如何奇诡、怎样的多姿吗？人对母亲崇敬，人就会对母亲河的源头发出同样来自内心的赞美。

最高的赞美常常无言，人在这时也常常只能用惊叹来替代。

于是，我也只能把最大的惊叹再次赋予开化，开化原来就是不需遮掩、不需妆饰清流不断的大自然！

我走进了开化……哦，我其实只是走近了开化的一角，竟就这样忘乎所以地大叫大喊。我知道，我的老毛病又"发作"了。

我的老毛病就是：总是自认山水知音，见了好山水就害单相思。

疗法只一个：泡上一杯龙顶，将对开化的全部怀恋，都浓缩在这杯清清的茶水中……

二〇〇五年

美韵无限千岛湖

江南美景，历来缠绵于文人墨客笔下；杭州美景，最可骄人的是西湖。而今，又一处难画亦难诗的胜景翩然出镜，引爱山乐水者诗画连绵，令中外游客无不倾倒。

这处千娇百媚的胜景，就是淳安县境内的千岛湖。

历史悠久、文明昌盛的淳安县，古为新都郡、新安郡、古睦州的州（郡）治所在。新中国成立后为建设我国第一座自己设计自制设备的新安江水电站，移民29.15万人，淹没土地三十多万亩，挥手间，浩荡水库遂成风光旖旎的漾漾湖区，测面积，足为西湖的一百零八倍；一千零七十八个岛屿似一只只翡翠玉盘铮然出挑，小如螺黛一丸，大则碧岫千寻。远眺俯瞰，都合了四个字：美轮美奂。

浑然大美的千岛湖，既有可与桂林山水媲美的娇妍风光，更有赛过太湖洞庭的浩瀚气势。趣韵无限的千岛湖，吸引了万千游客纷至沓来。

青山不墨千秋画，碧水无弦万古琴——小诗凝练，最是千岛湖的传神写照。

千岛湖是一架长年不衰的古琴：浩渺的碧水，叮叮咚咚轻轻缓缓地弹奏出了她百折千回的美韵。

天无涯，水无边，天连水，水连天，千岛湖的碧水，因了与钱塘江、富春江、新安江逶迤相接，益发悠长壮美。那水色，浓浓淡淡，浅浅深深，浅淡似翠绿的丝绸，深浓如湛蓝的大海。浅也好，深也好，最妙的是水质冰清玉洁。千岛湖的水，堪称天生丽质，本来就有天落雪水的纯净，又兼家住湖岸的人，将她心肝儿眼珠般保护，这水就更不一般了。外来人进了千岛湖，眼瞳先被染绿，心也被水陶醉，伸手探一探，哟，好清凉！爽凉滑软恰似真丝软缎；掬起喝一口，嗨，浸透心肺的清冽中透着微甜，是甘露，也是山泉，难怪人称：天下第一秀水！

千岛湖岛是一把撒向水面的珍珠：珠练环绕中的芊芊湖岛，都镶着淡黄裙边；娴静如玉的岛屿，似笋似笏，千姿百态。远远近近地看，岛就是山，绕着弯儿走一走，山就是岛。真是你中有我，我中有你，浑然一体的山与岛，装扮出举世无双的丽湖秀山。

在千岛湖，欲要看山，先得上岛。

岛上的山蔚然挺秀，翠嶂青峰，别是一番深峻气象。虽没有什么嶙峋怪石，却是杂树葱茏、青嫩欲滴，好像随处都能流出翡翠珍珠来；四时八节，这些知名和不知名的大树小树，得益于天上的甘霖、地下的清泉，比着绿，赛着长，织成了浓浓密密的林帐。这林帐，缠在山岚雾气中，更似团团永不消散的绿云，绿茸茸，湿润润，时隐时现。绿云掩映间，山腰山巅忽地露出粉墙翘檐，远远近近地看，恰似童话中的幢幢木屋；那松皮桦木的香味，在你不知不觉中悠悠飘入胸臆，等你进屋住下，远离尘嚣、融入自然的快意便油然而生，那山香水气，会将你的梦境濡染得格外甜美。

哦，原来，千岛湖的妙处就在绝秀的水再加绝幽的山！

千岛湖群山似岛，岛似群山：梦菇岛、龙山岛、密山岛、桂花岛、锁岛、蛇岛、鹿岛、鸵鸟岛、温馨岛、姥山岛……渺渺大水中。星罗棋布，争妍竞俏。这些或以形象或以内涵命名的大小岛屿，岛岛有主题，岛岛有情趣。也许，你会沉浸在梦菇岛的远眺中长久驻足；也许，你会迷恋与鹿岛、鸵鸟岛的小动物逗趣而乐不思返；也许，你会为锁岛那串串彩链漫想现代爱情的天长地久而痴痴流连；也许，你在龙山岛因缅念高风亮节的海瑞，而得到做人为官的许多启迪……

如果说这些大大小小的岛，不过是一场好戏的“引子”，那么，待到了梅峰大观，面对着千朵玉莲落碧水的仙苑奇观，你就会更加叹为观止！面对这扑入眼帘的画意，感受这沁人心脾的诗情，即使感觉再迟钝的人，也会心旌摇曳，恍若身在蓬莱仙境。

千岛湖是一个绮丽的梦，千岛湖更是亲切的现实：在这里，你断断不会生发“孤月照寒山，凄凉独徘徊”的心境，却会拥有晓迎晨风、晚送夕阳、夜看明月的人生乐趣。千岛湖原是山峦沉没、湖水相浸的奇迹，这鬼斧神工的大自然，叫人们在极度爱恋中爱屋及乌，万分珍惜。不是吗？这泱泱千岛丝丝碧流，不但像一轴大山水的长卷一样，叫人看到了大处落墨的绵绵意蕴，还在她如梦似幻的意境中令人另有所悟——入夜倚窗时，你看山间明月也好，湖上渔灯也罢，你会在难以言传的情趣中，觉得她的山和岛，像这又像那，其实这山和岛所体现的，是人的精神，是当代人一种不甘随波逐流、昂然奋起的精神。

难诗难画的千岛湖，又像是极细的工笔在淡青绢本上点画的一柄团扇，那水上和山里的人家，就是这团扇中最生动的角色。

千岛湖的水上人家和山里人家，在渔火明灭中，拥着古老而独特的山越风情，在涟涟一水间，歆享着他们独有的渔家乐。除了大自然山清水甜、鱼米丰饶的赐予，千岛湖边的人家，还能悠悠清享那种滤却人间喧嚣和杂乱的宁谧，品味当今难觅的古老的静美。在这里，平常的跳竹马、赛猪头的民间小游戏都会引得百姓人头攒动，而那类似东北二人转的地方戏——睦剧，只要一演出，定会人人奔走相告，男女老幼喜笑颜开，欢乐的情景就像过大年。此时的淳安，是乡间风情最浓厚的时光。

小游千岛湖，恰似聆听一阕春江花月夜，叫人沉入微醺之境。待饱赏游趣酣然忘归之时，你更会感慨大发而信服古人的吟咏，"恨不将身作画帘"了！

爱山乐水的我，每去千岛湖，都意乱情迷地"沉醉不知归路"。于是，万般依恋中只剩下一个心愿：我愿化成一只小船，永远停泊在千岛湖畔。

一九九八年

让我再回到童年

"偶然画到江南竹，便想春风燕笋多。"郑板桥的这两句题画小诗，很是我在河南那些年的心情写照。由春风燕笋联翩想来，我常常忆起故乡楚门的一些习俗，一些深深印在我脑海中的韵味很足的习俗。

嵯峨青黛的玉环山，河海相接的玉环水，哺育了玉环人的子子孙孙。玉环在新石器时期就有人类活动踪迹，这块沉积着厚重的历史的土地，滋生了丰富的文化。我生长的楚门，在物产的丰富和各种习俗的风采上，尤为全县之首。

每忆及此，我便大有恨不得回到童年的痴想，因了这种痴想，所存的记忆又分外真切而鲜活。

先说 "谢年"。

谢年就是 "祝福"，是一年中最隆重的祭祀典礼。富贵人家自不必说，即使是清贫人家，也有 "摆两根清水糕也要谢年" 的心意。

我记得，谢年时，大都或自备或借好一张朱漆八仙桌，把所备供品一一摆开，那供品，自然是为过年购置的鸡鸭鱼肉：鸡鸭要整只，鱼要鲜活，最好是活蹦乱跳的大鲫鱼。一盘象征 "山珍" 的金针木耳也不可少，主食是前几日做年糕时特意做好的形似宝塔的一对 "糕头"。其中最庞大最隆重的供品，就是称作 "福礼" 的一只烫熟的大猪头。所以，"买个猪头谢年"，成了那时所有人家的愿望。

谢年的时间并不划一，从黄昏天断黑直到半夜，直至大年初一的黎明。早早晚晚均由各家自己选定。谢年时，红烛高烧，鞭炮大作，噼噼啪啪声中，还会有几声很震耳的"天地两响"。热闹声中，一家之主首先跪在拜榻前，念念有词地合手祝祷，祝祷完后叫过一家大小，依次跪拜行礼，算是全家都得了老天爷的祝福。

谢年是一项很被家乡人重视的祝祷活动，供桌前方，两支燃得通红的大油烛，又很有过大年的隆重。大人们在祝祷时，绝不许孩子随便嬉笑或胡言乱语，这一来，更添了一种庄重而神秘的气氛。幸而谢年过后，接踵而来的一件事，便是长辈们给小辈分压岁钱，这时，气氛大变，房院间立刻响彻快乐而喧闹的童音，过年的气氛越发浓郁了。

我想，小时候我和所有的孩子一样，那么盼望谢年，一是过年是从谢年开始的，二是谢年过后有压岁钱。

我想起了五六岁那年的一件趣事。

姐姐帮母亲把一只只朱漆木盘放到八仙桌上，盘里的菜肴散发着热腾腾的香气，那香气实在太诱人了，姐姐顺手抓了只炸虾往嘴里塞，大概是防我告密，立刻又抓了一只往我嘴里塞。这虾真香！咽进肚子后，我们才想起母亲的警告："谢年上供的菜不能偷吃，吃了要掉牙！"这一想，便都呆了。

但我们没勇气向母亲坦白，只是惴惴不安地等待老天爷的惩罚。吃年夜饭时，姐姐偏偏掉了一颗牙！我们面面相觑，姐姐张着出血的嘴，哇哇大哭，这一来，便只好"自首"了。

"别哭，记住，下次不能吃，再吃就长虎牙了！"母亲皱眉一笑，轻声安慰道。情况显然没原先设想的那般严重，我们这才稍稍放心。

但我并未彻底宽怀。不是吗，后来我换的两颗门牙，都是重叠的虎牙！

谢年的鞭炮此起彼接，会一直持续响至黎明。因此，当我在迷糊的睡梦中被惊醒时，总觉得天地间到处都是鞭炮的热火火的香味，甚至熏得整个房间和裹着的被窝，也有这种热香。

这真是过年才有的热香。

前些年，谢年中断了一段时间。这几年，家乡人又热衷于谢年了。日子富裕的人家，比赛似的，鞭炮买得更多，猪头买得更大，也许跪拜不再像从前那样虔诚。但是，上一桌丰盛的供品，如今却家家都办得到。于是，像是为了弥补前些年的疏漏，如今，楚门人的谢年谢得加倍的热闹。

二是点"间间亮"。

正月十五，传说是"天官"诞辰。不知为什么，楚门又派生出另一项习俗：除了在四四方方的天井中插一圈为"地藏王"祈祷的线香外，还要点"间间亮"。

天官在哪里？地藏王在何方？这都是无人能解的谜。而点"间间亮"，无非也是百姓们对来年丰衣足食的祈求。

点"间间亮"的仪式很简单，却又十分美妙。

点"间间亮"的人家，常常预备数十支小指头粗细的小红烛，插这红烛，并不需要讲究的锡烛台；在一块切好的番薯圆片上，插一根铁钉便成了很现成的烛台。

黄昏断黑时，天井中的那圈线香点好了，在天井的四角，各压上一盏这种插着小红烛的烛台。接着，这种小烛台，又一一分布在家家户户的每扇门后，每个房间的角落，甚至连厨房的米缸，放衣的橱柜一一放置。这一来，一条长街便见家家烛火明亮，如果是雪天，那么，在白雪地面的映照下，更显得美丽异常。

说实在，家乡最引人遐想的习俗便是点"间间亮"。小时候，对着这一圈星星点点的香火，对着这一支支明亮的小红烛，我总觉得分外甜蜜又分外振奋，那香火，那烛光，呈现出一派美丽而朦胧的诗意。

据我所知，如今，家乡一带早就没人点"间间亮"了。大概，在电灯大放光芒的今天，人人都懒得再去费这一番心思。人类文明总是向现代化迈进的，可是，痴心的我又想：点"间间亮"并不破费，在有兴致时何妨一试呢？否则，这古老而不无诗意的习俗，岂不从此湮没无闻了吗？

我真想让我的孩子们回乡下去过一次元宵节，我好为他们点一次"间间亮"！

我真希望自己回到童年，郑重其事地再点一次"间间亮"！

三是"做月节"。

有人云：吃也是一种文化。我们楚门人是很会吃很讲究吃的，可见文化之丰富。

楚门人一年到头，除了过年那几天理所当然地尽情吃喝外，还有很多以吃为主要内容的"月节"。月节的日脚，自然是按阴历推算的。

从正月开始：正月半、二月二、三月清明（这是个时间很长的节次，人们可全凭自家祭扫祖墓的需要，选择一月中的任何一天，故有"清明长长节，做到端午歇"之谓）、五月端午、七月半、八月十六、九月九、冬至、大年三十……算来大家共庆的有九种之多。至于为自家的婚丧嫁娶或庆寿或贺得子添孙做的喜酒、寿酒、满月酒、做周酒、百岁酒……则更是五花八门，不一而足。

只要年景好，生活宽裕，人们自然可以找出各种理由好吃好喝，我惊异于家乡人们"做月节"的方式，是那样顺理成章，习惯成自然而根深蒂固。因此，相传到现在也没有多大改变。正月半元宵节的吃食是不用太破费的，大都是过年剩余物资的一次清理和扫荡。上桌的无非是几碗荤素菜肴，再加年糕、粽子、元宵之类的主食。

正月半引逗大家兴趣的是舞龙灯，有些年，兴致高的人们，初三晚上就舞起了龙灯，到元宵节再闹一回，算是收场。

二月二龙抬头，比较简单，大部分人家"烫糕头"。所谓"烫糕头"，便是把谢年谢过的那对宝塔状的年糕头拿出来，切成筷头般粗细的细条，然后烧一锅放了肉丝、鱼鲞、虾儿、青菜等作料的汤，把切好的年糕条放进去一滚就成；也有的人家偏爱吃"芥菜饭"，说是吃了这种放了肉块和芥菜做成的米饭，不生疥疮疖疤。这当然都是无稽之谈，但此时正是芥菜鲜嫩之时，用这种有特殊香味的芥菜煮饭尝鲜，自然别有风味。

三月清明节，则要做一种糯米粉做的大团子。因为在粉中揉上了青蒿或地梅叶子，整个团子便青绿莹亮，很是悦目，上海人叫作"青团"，楚门则更有一个别致的名字：青掩。为何用这一"掩"字？我未专门考查，据猜想可能是"掩"住了里边的馅而得名吧。

楚门人蒸青掩，做法特殊，讲究的人家，蒸好后的青掩，一只一只全放在一片片剪好的文旦叶子上，求其柚树叶的清香气。青掩十分糯甜可口，且色香味俱佳，实在是家乡很别致的食品。

我在杭州也买过"青团"，吃了一只便不想第二只了，因为里边是稀糊糊的糖馅，而不是楚门做的又香又甜的赤豆豆沙馅；那皮子，虽也是绿的，却并非家乡人货真价实的用青蒿或地梅所揉，而是用了青菜汁或食用果绿，自然品味就差远了。

我不厌其详地说及这青掩及其可爱的绿色，是因为实在钦佩家乡人这绝顶聪明的发现：青蒿和地梅，都是极不起眼的野生小草叶，是什么人首先悟出来这东西能食用而且采用了如此精妙的制法呢？

与此异曲同工的是，用苎麻的嫩叶子揉粉，也可达到绿莹莹又香喷喷的效果，不过，苎麻叶只能用来揉在面粉中做麦饼用。五月端午是个大节，别地乡俗是包粽子，楚门却家家户户做麦饼。麦饼有两种：一是用面糊在鏊锅上摊出来的薄如纸的"吸饼"，上海一带叫作"春卷皮子"；二是用面粉掺了煮过的苎麻叶子揉成软硬适中的面团，然后用一截短短的易于手握的竹筒或木棍（楚门叫作"麦饼卷"），擀出一张张滚圆的淡绿色的薄饼。这薄饼在热锅上一张张贴出来时，原先的淡绿色又成了翠绿色，煞是好看，而且也有股特殊的草香味。

北方人吃煎饼，一根大葱蘸酱就行了，若是有盘炒鸡蛋一裹，便吃得满嘴滋味。楚门人吃麦饼，所裹的荤素菜肴，起码要弄上十来碗，配备齐全的各色小菜，加上海边小镇特有的海鲜，一桌配裹麦饼的菜肴，真算得是"十样锦"。

家乡的男女老少，十有八九爱吃麦饼，我也很喜欢，而且主要是喜欢吃麦饼和做麦饼时的那种气氛；擀饼子时，麦饼卷碰得笃笃地响，炒菜肴时香气四溢，品尝时团团围坐，人人动手全家忙，这种乐融融的气氛，我感觉比北方的包饺子还要胜三分。

以往过端午节，不少人家在门口挂菖蒲剑避邪，在庭院洒雄黄酒消毒，大人们要喝雄黄酒，还要给孩子们的鼻头眼脑涂上一星星雄黄以杀虫解毒，而后还要炒上一锅洒上雄黄的蚕豆，让孩子们嚼得满街山响。现在，挂菖蒲剑被认为是无意义的迷信行为，不复有人再做；雄黄经了解是含砷的有毒物品，大家也不问津了。这两样东西的消失，我觉得没什么，令我惋惜的是不见了那些巧夺天工的香袋。

小巧玲珑的香袋，实在是件充满诗情和幽思的工艺品。不是吗？潇湘馆主林黛玉，为了那只香袋，曾与宝玉生过多少怨嗔？小小一只香袋，制作人完全可以凭自己的心裁施展巧艺、寄托情思，我见我们家乡人，总爱用各色绸缎绣制出模拟的各种小动物，另外，还用硬纸扎出或六角或八角壳子，再用红绿丝线缠出各种图案花纹，也是很好看的。小时候，母亲曾为我精心制作了兔狗猫虎四只小香袋，这四个玲珑可爱的香袋，在我脖子上挂了好一阵，又在我的蚊帐四角悬挂了好些年，蒙眬欲睡或清晨钻出被窝时，我总要望一眼，这四只小小的香袋所唤起的温馨滋味，至今难以忘怀。

如今，楚门的女人们，再难有心思做香袋。我想，她们不是不会，而是没空，她们一个个在镇办工厂企业挣大钱，没心思做这种小玩意，也许若干年后，香袋将在我们故乡一角永远地消失了……不知怎的，一想及此，我竟有点怅怅不已。

哦，我真想再回到童年，再挂几只玲珑有趣的香袋！

反过来再说"做月节"。

七月半的中元节也是个大节，吃食和端午节相似，主食也常常是麦饼，还多了一种叫"糕干坯"的粉食。所不同的是，端午这顿大餐备在中午，而七月半则是晚餐，而且都得备上香烛、千张，满满一桌菜肴敬过作古的先辈和祖先后，才能全家共尝。

中秋节，楚门人一般在八月十六过，随意烧几样荤素菜肴，也不做什么粉食，买几盒月饼尝新就是。

九月九重阳节，过的人家也是少数，磨了新米蒸几笼浇成九层的又凉又软的米糕，叫作"九层糕"，无非是尝尝新粳米的清香而已。而"九层糕"之所以要浇成九层，大概就和九月九的"九"字有关。

再就是冬至，冬至几乎和端午一样隆重，冬至也家家做麦饼，家家又蒸糯甜的"冬至圆"即大团子。不过，因为此时地头已没有了青蒿或地梅，所以，"冬至圆"便是雪白的团子。这团子并不是圆圆的一团，巧手的主妇在收口时，总要捏出一点尖尖的"嘴"，散排在蒸屉上，真像水上游着一群小白鹅。也有人喜欢花样翻新，团子捏成后，滚上一层浸泡过的糯米再蒸，这就有了新名字"米滚"。"米滚"比"冬至圆"多了点意思，各地大饭店宴席上的"蓑衣丸子"，想必就是受此启发而来的吧?

　　冬至过后,恐怕就是全国上下家家为之精心操办的团圆饭——年夜饭了。自然也是七大盘八大碗,体面得似乎能压断桌脚。对此,楚门又有个颇有书卷气的名字"了年"。吃完这餐丰盛的"了年"后,又要煮一大锅"过年饭",留到"明年"——第二天吃,以示有余粮剩饭,以祝年年丰衣足食。

　　小时候,我不止一次陪母亲煮过年饭。母亲自然无须我动手,我能做的,无非是紧挨着她坐在那条窄长的灶凳上,看着她烧。那锅饭,由于精心量过米与水的比例,精心掌握火候,总是煮得格外松软,格外香。

　　我永远忘不了母亲在煮年夜饭时的专注,灶膛哔哔剥剥的柴火映亮了她的脸庞,那样慈祥,那样生动。

　　乡俗和亲情永远是感情的摇篮!哦,我多想回到故乡,从头到脚过一年,末了,再陪母亲煮一次香喷喷的过年饭!

未圆之梦

又一次回到故乡，青山依旧、绿水长流的楚门小镇，永远是我魂牵梦萦的念想。而站在心头梦里痴痴记挂的故乡街头，却觉得有几分陌生起来。

街市依稀尚有旧时的模样，所多的是繁华人气和川流不息的车水马龙，所缺失的也许不过是那些只存在记忆中的往日笑容，但是缺少了那一个最亲爱的人，小镇于我，便似失去了灵气；我在小镇，仿佛也失去了主心骨一般，茫然而不知所措。

这个人，自然便是生我养我的母亲。

算来母亲故去已近二十载，然而每当忆起，母亲的音容笑貌，便如永不消逝的画面，一幕幕历历再现，真切如同昨日。

兄长叶鹏曾请人为母亲画了一幅神态毕肖的油画：画中的母亲素衣如故，白发斑斑，慈容可掬，而捧绣花绷的那双手却很年轻，纤纤十指白皙秀长，恰如青春少女飞针走线的模样。我对于画家做出如此"矛盾"的构思十分讶然，凝视良久，终于领悟了构思者的别出心裁：芳年易逝，劳绩永存，作为一个用银针挑走自己的一生、也挑起了全家生涯的母亲，她那双曾被缝纫绣花的丝线拉得十分粗糙的手，那十根无一不布满针裔痕的指头，在我们儿女心中永远不会老化，在我们儿女心中，那是一座永远青春的雕塑。

十九年前为母亲送葬的情景——掠过眼前。

那是一九九三年的五月，四百余自发集合来为母亲送葬的乡亲，切切说明了她的人缘。从老宅门口直往东门桥畔的长长队列，在细风细雨中伴母亲走向安眠的青山，令我们这些母亲的儿女再次感涕不已。淳厚的乡亲们以他们最纯朴的方式表达了他们对一个聪慧善良、经历坎坷的乡间绣花女、裁缝师的全部尊敬。几十年来，声名赫赫的逝者葬礼我见得很多，作为一个普通平凡的女人，我的母亲在人世的最后一程，走得十分辉煌。

在安葬了母亲又按习俗"望山"完毕的时候，我忽然想起了一个久存的心愿：到母亲的出生地响岩去看看。

我们从来只当母亲姓王，从来只把距楚门七八里路的清港当作外婆家，在弟弟妹妹们心中更是如此。因此，我这提议仿佛是一根长长的挑棒，尘封的往事随着"响岩"这个地名，响亮地"炸"在大家心头。

母亲其实姓李，清港的外婆其实是我们的姨婆，响岩李家才是母亲真正的老家。

沿着盘曲的山路蜿蜒而行，越来越高的陡坡仿佛把响岩人日子的艰难都曲曲折折地写在了行路人的心中，于是，还未到达母亲在世上唯一而真正的亲人舅舅家，久远之前发生在响岩李家那些难以言诉的赤贫和灾难，就像这灰暗天色浓浓地压在心尖。

母亲生前极少提起响岩这个家，是幼年太深的伤痛使她根本不想回忆？是姨父姨妈比亲生父母还深的恩情使她只愿过早地忘却？拖着酸痛不堪的双脚终于走进响岩时，找到了答案的我，眼前升起了一幅图画，那是凡·高的《吃土豆的人》。

母亲去世后，我还有一种深深的痛惜，痛惜母亲把太多的往事以及她身世中最隐秘、最苦涩的部分带走了，这其中，就包括她那令人涕泣的童年。在隐忍痛苦上，母亲毫无例外也是最坚强的。

于是，我们只从母亲童年的一个并非嫡亲的姐姐，一个出色的民间故事家，后来借居我家多年、被我们称为"香兰娘姨"的嘴里，得知了一些点滴往事。

于是，我总算从凄迷冬夜听来的故事中知道了往事的一点枝梢：

母亲三岁那年，病重的外婆知道再也无力保护自己的幼女，就叫来了远嫁清港的妹妹。妹妹比她幸运的是，嫁了一位清港无人不晓的出色裁缝聪老司，妹妹比她不幸的是，一直未能生育。这个在当时肯定要归结女方的罪孽，也被心地宽厚的聪老司谅解了。而手艺出色的聪老司，就凭他的一双手，使王家那靠针线度日的小日子过得颇有声色，人到中年后还有了一片属于自己的轿庄。

外婆英明的选择，使母亲避免了一种难以逃脱的命运，但她没被穷困沦落几近乞丐的外公卖掉做童养媳。外婆不得不留下舅舅是因为她无例外地接受了这样的观念：男儿毕竟是李家的子孙。

外婆终于撒手而去。一顶从清港发来的乌纱小轿，隔断了响岩山那浓重悲凉的山影。从投入清港姨婆怀里开始，母亲就被姨公（从这会儿起，他们就是我母亲眼里的亲爹妈了）心肝肉儿地疼爱，从此，母亲也只记住了自己已经姓王，从此，清港人也都得知了"裁缝王子"聪老司有了一个眉清目秀活泼伶俐的娇女，取名翠英。

外公聪老司对母亲，乃至对后来收养的一个义子、一个过房侄子，并不一味骄纵，他对于母亲，更是位慈父严师。母亲六岁时入私塾课读，外公又不失时机地教她女红。摆设在家中的几座供出租的花轿上的披挂，更是如影相随的直观教具。心灵手巧的母亲，似乎天生是个与银针丝线结伴的女孩，香兰娘姨绘声绘色地讲过我母亲在九岁时绣的花鸟龙凤，是被清港镇多少人误认为聪老司亲出的手艺。

我的外公的确聪明过人，他自己虽只粗通文字，但他断然让爱女去读私塾，在二十世纪二十年代的清港小镇，无疑是桩了不起的很有眼光的举措。在感念外公恩德的同时，我不禁又忆起母亲曾经有过的对外公的薄怨：如果你外公能让我到外头多读几年书，我后来就不是这般遭遇了。

尽管如此，母亲的才艺还是像她那乌油油的长辫和俏丽的相貌一样，成为小镇人最注目的对象，香兰娘姨说过，那时清港镇年年有庙会，庙会上看母亲的眼比看戏台上的还多。而从出自母亲的针线与外公的难以分辨时，外公的轿庄生意越来越红火，因为远近几十里的办亲事人家，都要来租聪老司的花轿及她女儿亲绣的凤冠霞帔方能称心如意。

母亲就这样成为清港镇百里挑一的女孩儿。如果不是外公聪老司过早亡故而且目不识丁的外婆又被花言巧语所诱惑，母亲的莫名其妙的婚约就不会发生。当母亲终于以乡间少女少有的才智和勇气反抗了这个包办婚姻以后，她万万没料到后来又同样陷落在轻信的罗网中。庙会上结识的父亲，风度翩翩又相貌堂堂，他熟络地演出了一套越剧曲目中的纨绔子弟加多情公子的把戏，使母亲立陷情网，等她明白自己依旧成了另一个大家庭的一只笼中鸟，一个需要侍候上上下下十几口人的主妇兼佣妇的角色，而且那位夫人名分在身的"大姆妈"是个沉疴难起的痨病人时，一切都难以挽回了。

父亲是寡妇奶奶的独根苗，从小被惯坏了的他，则一如既往地照旧过着他的快活人生。他将数十亩田土悉数出租而并不看重它们的收益，只要够了全家的粮米用度便对百项家事不管不问，他以与人合伙经营南货店的名义跑码头做生意，实际上只是为了到各处寻欢作乐看热闹。他关心时事却厌恶官场，轻财重义而有许多朋友，只要是乡里乡亲，只要是够朋友的他便侠肝义胆。父亲后来对母亲的负情和他那无可更改的身份，曾令少年的我对他痛恨万分；唯一叫我感到他作为父亲的可亲之处的，是他在极有风险的年月中，对于党的地下工作者的资助，以及后来被县党史办充分肯定的正义感和爱乡之心。我感受更深切的，则还有他对于学问的崇仰，对有识之士的敬慕。即便在家庭陷入困境的年月，他也曾无数次地表达了这样的决心：就是脱衣当裤，也要使子女深造成有知识的人。从我记事起，父亲和母亲就没有和睦过，但就子女受教育这一点，他却与母亲非常默契。

我在母亲所生的兄弟姐妹中排行老四。在哥哥姐姐们远走高飞后，特别在父亲劳改而又病死，哥哥这个复旦的高才生错被发配到河南，我也因此失学后，我与母亲相依为命的时间最长。因而，对母亲在艰难岁月中的劳绩，对她承受生活中的一切变故坚韧不拔的意志感受最为深切。

母亲在接二连三的打击面前能够平静如故，是出于她对儿女的无边爱心，而支撑她的信心和生活勇气的，也是对儿女的坚定不二的期望。

当经济生活的一切依傍都失去后，直接承担起这份沉重的，还是母亲手中的那根小小的银针。

记得无数个更深人静的夜晚，万籁俱寂，我和母亲相对灯下。我帮母亲做的是下手活，缭边脚、锁扣眼，那时，我们当然都是手工活，一件千针万线缝好的成衣，所得工钱大约是三四角；那时，一架缝纫机是我和母亲热切想望却断难拥有的工具，因为欠着一笔沉重的债务，我们买不起。而母亲为了挣够全家五口开销的日常用度，她就要叫自己的手工速度大致跟上缝纫机。

于是，在我的记忆里，母亲无日不在赶速度、抢时间，只要向顾客许诺过的，她从不拖延交货的日期。日子就在这样艰辛的劳作中如扯弹簧一样被拉长了。无数个月明星稀的夜晚，无数个寒风刺骨的霜晨，陪伴我们母女的只是那根银光闪亮的针，串联我们母女深情的，就是一团团永无尽头的线。

还在母亲四十挂零的年纪时，记得是一个黄昏，她带了我去给人家送绣好的绣品，母亲一如既往地一手夹着包袱，一手牵着我，默默地走在小镇的石板路上。忽然，我发现母亲的鬓角有了几丝白发。我为这个发现吓得泪花晶莹：母亲老了，忙碌清瘦且长年穿着月白上衣黑布裤的母亲老了，母亲的脚是缠过又立即"解放"的放大脚，不小也不大，但因为长年伏坐劳作，走路于她并不轻松。母亲和我都走得很慢很慢。

母亲发现了我挂泪的缘由后，微微一笑：小呆徒，这也值得哭吗？你们都没长大，妈妈离死远着呢，你看你外婆多长寿，妈连你外婆一半年岁还不到呢！

六十年前的这个黄昏的场景，就这样深深烙在了我的心屏上，而经过四十年的岁月，我自己也已年过半百，初见那幅油画时，不由得惊觉画家的妙手天成——除了头发如雪，母亲的笑容、母亲的神韵，简直就与当年一般无二。

凝眸细看时，这画中的人像，与我所敬爱的冰心老人颇有神似，而同样神似的，是冰心老人的慈爱与温和，让我一直像敬重母亲一般地敬重她老人家。二十年前，冰心老人听说母亲身体欠佳，特地寄来手书的贺卡，写了三个大字"春常在"以表达祝福。我特意将贺卡送到家乡告知母亲，母亲的手摩挲着那张红色的贺卡，脸上露出欣慰和满足的笑容，那种心满意足，是我从来都没有见过的。

母亲性格的热忱和争强好胜，表现在对一切新鲜的公益事业的热心中。抗美援朝时让小学生为志愿军做慰问袋，母亲虽按上级规定，放手让我自己亲做，但她对我这个九岁的小学生实在不放心，于是，从选料到样式，从帮我剪五角星到一针一线地绣字，她都像个严厉的监工，道道工序严格把关，只恨不能捉手代绣。当得知我这个班上最小的学生交的成品成了班上最好的一份并受到老师的表扬时，母亲这才露出了心满意足的笑容。

母亲存在我心里的记忆许多，在她生前，我也曾在一些文章里写过她，但不知为什么，如今提笔，我竟变得异常笨拙，往日里写散文、小说的灵气一点儿都没有了。我不知道这是为什么。

不，我应该明白。母亲是突发脑出血去世的，时年八十有四，按说也属高寿。事先毫无迹象，发作前她还亲为自己沐浴更衣，"走"得利落且无半点痛苦，所有的乡亲邻里都说老人如我母亲这般"走"法，是三生修来的福气。但我们仍然悲痛难抑，尤其是我——因为心里存了太多的歉疚。

生活虽然困顿，母亲的态度依然乐观而积极。在遭遇坎坷的日子里，我与母亲相处的时间最长，母亲也将我当作儿女中最可依凭的精神支柱。

从那时起，母亲就没有任何形式的休息，除了忙碌还是忙碌。因为，母亲所担负的，不仅是包括她自己在内的五口人的用度，还要逐月偿付大家庭早年欠下的一笔债务。那时，一到黄昏，我最怕那个梳着牛角髻的老太太来临，她就是我们的债主。她一来，便会将母亲十天半月的劳动悉数掠尽。我还记得自己曾做过歉愧久久的一件亏心事——我在当小学教师期间，虽然工资低得可怜：满打满算二十元，但我还是将其中一半交付了母亲。余下的十元交了搭伙的伙食费后，自然所剩无几。但我仍然一元一角地积蓄起来，好买几本想买的书。就在我手里已握着一份可以偿还那牛角髻老太太的大半利息时，老太太又来讨债了。母亲因为此时没凑够这份钱，向老太太央求拖延一些时日，六亲不认的老太太板着脸说了许多难听话。恰好回家的我，心里悲愤交集，可那几本名著又强烈地诱惑着我。犹豫之间，老太太终于走了，但留下的条件自然更苛刻，母亲却一口答应了她。当我在事隔许久以后向母亲检讨我的自私时，明白了缘由的母亲却无比大度地宽慰了我。

因此，在那些长夜劳作的日月中，若是我手中握了一支笔或偏巧有一本放不下的书，母亲在缝纫时，便尽量不同我说话，以免打扰我。那时，穿透静夜的便是母亲飞针走线以及我翻动书页的沙沙声，这如同春蚕嚼叶的声响，这夜磨明月的情景，铸成了我的人生荧屏。

我永远忘不了我们终于买来了一架缝纫机的情景。钱款中，自然也有我在那些年月的微薄稿费。我和弟弟到车站将机子拉来的那天，我觉得母亲几乎将一生的笑容全笑在那一刻。看着母亲笑得如此灿烂，我却勾起了难言的心疼：因为这将意味着母亲劳作的加倍。事实上也果然如此，这架伴随了母亲几十年生涯的西湖牌缝纫机，是在母亲视力完全不济时，才完成了它的使命，后来才又作为嫁妆赠给了妹妹。

尽管母亲以终日不歇的劳作排解着她对所有儿女的思念，但我和我的三个年长的姐姐哥哥，后来都天南地北各一方。母亲所得的唯一慰藉就是我们能享有的探亲假。可是，假期又总是有限，于是，能常在我们到达的第一天第一刻，母亲就心急慌忙地问我们究竟能住多少时日，而这种回答通常又总难以使她满足。于是母亲又怯着声问能否再多一些日子。当我们有时纯粹是为了宽慰她说些言不由衷的比如可以尽量争取这类的话时，母亲就像孩子般高兴起来，回转身子就下厨，一会儿就端上来一碗鲜香扑鼻的三鲜面。

在中原客居多年，那时没有手机电话和互联网之类的便捷联系，唯一能够收到母亲消息的方式，便是从一直陪伴在母亲身边的弟妹那里收到来信，而每次信中最多的篇幅，便是代母亲写下的一句句嘱咐。虽然是一次又一次的反复叮咛，然而在远离母亲膝下的我看来，每一句都弥足珍贵，随着时间季节的不同，都可以看出更丰富的意蕴。

改革开放以后，随着社会的发展，留在母亲身边的弟妹也开始做一点生意，经常外出走动。每次路过或是专程到我所在的郑州，他们都会给我带来母亲托他们捎带的各样东西：往往是故乡最有名的特产水果——楚门文旦，或者是海边的水产，还有母亲亲手做的点心之类。印象殊为深刻的，是有一次小弟来到郑州，带了一种叫作"辣烘干"的干菜，这种干菜和霉干菜有些近似，但是制作过程却远为复杂，味道咸中带香，回味无穷，是我从小最爱吃的食物。那时母亲已因年老体弱而行动颇为不便，我便问小弟这是谁做的。小弟告诉我，母亲知道他要到我这里来，就盘算给我带点干菜，但是自己无法亲自动手制作，早起在院子里走动散步的时候，就一遍遍地念叨："我文玲最爱吃辣烘干了，我文玲最爱吃辣烘干了……"左邻右舍听到了，笑着说："这有什么关系，我们帮你做就是了。"母亲的脸上于是立即绽放出心满意足的微笑。

小弟是当趣事讲的，我听到时却忍不住泪流满面。是的，这就是我的母亲，心中无时无刻不在惦念自己子女的母亲。做任何事情，她从来没有为了自己着想，而永远是把自己孩子的需要放在第一位考虑。

尽管有了日渐增多的书信往来，尽管有弟妹和家乡的宾朋不时捎来母亲的问候和有关母亲的消息，但这些仍然无法承担我对母亲的日夜思念，仍然无法让我面对母亲，听她细声慢气地叙说家乡的每一丝变化，听她叙说我们认识的那些人又做了哪些事……有母亲在的地方，才是自己真正的家。

于是，我在生活和工作条件稍微有所改变时，第一个心愿便是将母亲接到我所在的郑州。尽管我那时的住房也十分窄小，但母亲一来，小小蜗居也如幸福洞天。

不巧的是，我刚将母亲接来，就受召去了云南边境采访。其中又居然发生了遇车祸受伤住院的事。这消息，开始当然是封锁的，伤好回家已是五十天以后。令我至今纳闷的是，别人对此全无预感，唯母亲恰恰在我遇车祸那天，从未有过此类病灾的她，心口疼得厉害。这也许是偶合，可我却宁愿认定是母女间的心灵感应。要不的话，又怎么解释她在前年的那个下午，因脑出血倒地时，远在杭州的我，本来已将电脑学得有点顺手了，却偏偏在同一刻，电脑乱得一塌糊涂，一直"死机"，费老大劲都没调理过来呢！

我唯愿是与母亲的心灵感应，我盼望永远和她有着这一感应。

我最令母亲安慰的，大概就是一九七九年末第四次文代会期间，我将从未见识过大世面的她带到北京。其实，我也只是完成了"顺路捎带"的任务。到北京在我哥哥的一个同学家住下后，我就没有时间陪她了。而母亲在那位同学家小住时，也像对待自己的孩子一样，一坐下来便忙乎着为她的全家大小赶制棉衣，令这位同学至今感念不已。

弟弟托了在北京出差的朋友，匆匆领她游玩了北京的那些最著名的景点，兴高采烈的母亲把这次出门当作一生中最盛大的节目。

她在天安门前的驻足，拄着拐杖登上香山佛光阁的照片，成了她心中永远的风景，成了她晚年最可向人说道的无上荣光。

母亲从北京回到家乡后不久，我便从小妹处得到消息：年逾七十的母亲，拿出了几乎是她毕生的全部积蓄，为门口的那条小小的勤耕巷装上了路灯！

彼时也不过是二十世纪八十年代初，就连北京上海这样的大城市，夜晚也依然有许多灯光照不到的角落。而母亲在家乡小巷安装的路灯，破天荒第一次为江南小镇的一角带来了夜晚的光明。路灯装好通电的那一天，不仅是街坊四邻蜂拥而至，连许多住在别处的人们也来看热闹，啧啧称奇之外，更多的是对母亲不住的称许和赞叹。而直到我在一九八六年调回浙江后回到家乡看望母亲时，那路灯依然明晃晃地点亮在小巷街口，依然在为家乡的人们照亮夜晚……

我想，我是大概知道母亲之所以做这件事的缘由。

母亲年事渐高，眼力便愈发衰退，无疑，这是多少年来在油灯蜡烛下接续不断劳作、用眼过度的结果。眼疾加重之时，她心中所想的，却并不仅仅是自己一个人的光明。为邻居、为路人照亮一方道路，在她看来，是远比自己眼前明亮如昼还要重要得多的事。

过不了几年，母亲的白内障已经使她几乎目不能见，直至这时，她才真正放下了手中的针线。我听说之后，便迫不及待地将母亲接到杭州的大医院进行诊治。在医院住了没几天，有次我去探望她时，与母亲同病室的一位农村大姐突然跪倒在母亲面前痛哭，从她声泪俱下的诉说中，我才明白，原来善良的母亲在得知她的家境后，把自己身边所有的钱，包括我们兄弟姐妹给她治病的路费和药费，都分文不剩地送给了这位素昧平生的农村大姐。

母亲的这种种善举，在她看来似乎都是分内之事，在我看来也并不意外，虽然不信佛，不信教，但是"与人为善，助人为乐"这两桩，却是母亲一直身体力行的信条。这么多年来，她对我们的身教远多于言传。我时常默想，会是何等的恩德，才让我拥有如此伟大而朴素的母亲！

母亲去世周年时，正值我因写作《无梦谷》的最后篇章回了老家。去往墓地的路上，小弟说自己拂晓时做了个梦，梦见母亲对他诉说的件件未了心事。我听着，眼泪再次滴在心里。像小弟这样真切的梦，母亲为何没有让我也做一个？虽然明知这一切都是虚幻，我在这一刹那中，却宁愿自己唯心不唯物！

其实，我用不着嫉妒小弟，其实，母亲不止一次出现在我的梦境。只不过没有那样真切的对话，没有那样舒心的笑容，而常常还是一声盼望我长守身边而不能如愿的叹息。

这叹息常令我心酸愧悔。因为纵然调回南方，我依然无法侍奉在侧，我只能从母亲的这声叹息里品味她的孤独，一个双目失明的八旬老人的孤独；她最喜欢相处的儿女离她最远，她的一切为儿女着想的品性，又令她拒绝我可能为之的操劳；即便在我到楚门去埋头创作的日子里，为了不影响写作，我住在较为僻静的妹妹家。母亲拼命克制与我整日相对海阔天空地聊天的愿望，就像妹妹说的，"很乖"地守候一天，直到黄昏时分我来与她谈说一会儿。于是，母亲总又像个孩子一样，兴高采烈地等待这一刻：她老早地吃了饭，自己摸索着洗了手脸，洗了脚。坐在那把破得不知修补过多少回的藤椅中等待我的到来。我的脚步声一靠近大门边，她马上就能感觉出来。喊我的声音都因高兴而变了调，那本来黯淡无神的瞳孔，也会有许多光彩。这时候，母亲就一股劲地说自己是"看见"我进来而非"感觉"所致。我当然明白母亲的这个努力取信于我使自己更使我快乐的"谎言”。因为在为她延医请药的过程中，我早已明白母亲的复明纯粹是奢望。所以，母亲越是做出“看见”的样子，就越是令我心碎。

曾听小妹说起，在母亲最后在家的那段时光，有天早上洗漱完毕，搬来藤椅坐下，竟然吟诵出两句小诗：“日日开门见青山，青山问我几时闲。”是了，这两句小诗是母亲无师自通的自创，辛勤操劳了一辈子的她当是有所感悟而发。

母亲，母亲的心无所不包，但是，她却没能尝享她最应得到的——她最盼望于心的，便是每日晨昏之时听我一声呼唤问安，便是亲眼看看我写的那些作品，哪怕只是那些书摆在面前，让她一页页翻过……可如今，却再也不能，再也不能！

我对母亲未了的心愿是这样多，正是憋着这股心劲，我才以母亲为原型，写出了《无梦谷》中的母亲，我把所有的悲痛，都蓄成了心头的泪滴，蘸着这些泪水，我才写出了平生所有的未圆之梦。《无梦谷》是我最成功的作品，也是我最引以为豪的作品，我因它而获得了纽约国际文化艺术中心颁发的“中国文学创作杰出成就奖”；在飞向大洋彼岸去领奖的航班上，漫漫长路，我心中翻来覆去的念头就只有一个：母亲，这是为你写的书，你看见了吗？你一定知道了。

因为我们，始终并且永远，是心灵相通的。

《无梦谷》之后，我又相继写出了《无桅船》与《无忧树》。这两本书中的女主人公身上，都或多或少地有着母亲的影子；特别是《无桅船》中的外婆，有相当一部分故事是根据母亲的经历改写而成的，母亲的善良、母亲的坚强、母亲的聪慧，我都竭尽所能地在书中表达出来，而即便如此，我也觉得没能写出母亲的人格与人性魅力之万一。只是这一遍遍的书写，虽然不能尽然描摹出母亲的精神灵气，却也使我在写作生涯中稍感安慰，仿佛每次写到，都是在重温母亲与我在一起的日子……

二〇一二年十一月，我的家乡——玉环县①楚门镇的政府和人民，为我建造了一所"文玲书院"。家乡父老对我的厚爱，便如同母亲的爱一样温暖而恒久，我深感无以回报，唯有将自己所有和家乡和文学相关的珍贵物件，从手稿作品到书到相片到实物，都尽数付与这间小小的书院。而其中我最珍视的一样物品——那幅母亲的油画，挂在了书院一楼的正中。有了这幅画像，那本来无生命的书院便仿佛有了生命，故乡的小镇，便依然、永远是我的心之所系。

从此，母亲便可以与我所有的作品、与那些书写她的文字一起长相厮守，她那双和蔼沉静的眼睛，便可以永远凝望着我的作品，我的一切……

我和母亲仿佛都回来了，都在这间书院，紧密相连，永不分离。

---

① 今玉环市。

课本里的作家

序 号	作 家	作 品	年 级
1	金 波	金波经典美文：第一辑 树与喜鹊	一年级
2	金 波	金波经典美文：第二辑 阳光	
3	金 波	金波经典美文：第三辑 雨点儿	
4	金 波	金波经典美文：第四辑 一起长大的玩具	
5	夏辇生	雷宝宝敲天鼓	
6	夏辇生	妈妈，我爱您	
7	叶圣陶	小小的船	
8	张秋生	来自大自然的歌	
9	薛卫民	有鸟窝的树	
10	樊发稼	说话	
11	圣 野	太阳公公，你早！	
12	程宏明	比尾巴	
13	柯 岩	春天的消息	
14	窦 植	香水姑娘	
15	胡木仁	会走的鸟窝	
16	胡木仁	小鸟的家	
17	胡木仁	绿色娃娃	
18	金 波	金波经典童话：沙滩上的童话	二年级
19	高洪波	高洪波诗歌：彩色的梦	
20	冰 波	孤独的小螃蟹	
21	冰 波	企鹅寄冰·大象的耳朵	
22	张秋生	妈妈睡了·称赞	
23	孙幼军	小柳树和小枣树	
24	吴 然	吴然精选集：五彩路	三年级
25	叶圣陶	荷花·爬山虎的脚	
26	张秋生	铺满金色巴掌的水泥道	
27	王一梅	书本里的蚂蚁	
28	张继楼	童年七彩水墨画	

序 号	作 家	作 品	年 级
29	张之路	影子	三年级
30	曹文轩	曹文轩经典小说：芦花鞋	四年级
31	高洪波	高洪波精选集：陀螺	
32	吴 然	吴然精选集：珍珠雨	
33	叶君健	海的女儿	
34	茅 盾	天窗	
35	梁晓声	慈母情深	五年级
36	陈慧瑛	美丽的足迹	
37	丰子恺	沙坪小屋的鹅	
38	郭沫若	向着乐园前进	
39	叶文玲	我的"长生果"	
40	金 波	金波诗歌：我们去看海	六年级
41	肖复兴	肖复兴精选集：阳光的两种用法	
42	臧克家	有的人——臧克家诗歌精粹	
43	梁 衡	遥远的美丽	
44	臧克家	说和做——臧克家散文精粹	七年级
45	郭沫若	煤中炉·太阳礼赞	
46	贺敬之	回延安	八年级
47	刘成章	刘成章散文集：安塞腰鼓	
48	叶圣陶	苏州园林	
49	茅 盾	白杨礼赞	
50	严文井	永久的生命	
51	吴伯箫	吴伯箫散文选：记一辆纺车	
52	梁 衡	母亲石	
53	汪曾祺	昆明的雨	
54	曹文轩	曹文轩经典小说：孤独之旅	九年级
55	艾 青	我爱这土地	
56	卞之琳	断章	
57	梁实秋	记梁任公先生的一次演讲	高中
58	艾 青	大堰河——我的保姆	
59	郭沫若	立在地球边上放号	